W0396946

Liebe Leserinnen, liebe Leser!

Die Schweiz ist ein relativ kleines Land, die Zahl ihrer Sehenswürdigkeiten aber ist riesengroß. Schweizer Städte sind wahre Schatzkammern der Kultur mit weltbekannten Museen und eindrucksvollen Bauten. Mindestens ebenso groß ist die Faszination der grandiosen Bergwelt, Namen wie Matterhorn, Jungfrau und Eiger lassen nicht nur die Herzen von Wintersportlern und Bergsteigern höher schlagen.

Sonniger Süden und eisige Kälte

Vielfalt ist angesagt in der Schweiz. Von wahren Berggiganten über liebliche Almenlandschaften bis zu von Palmen gesäumten Seeufern reicht das Spektrum. Am Lago Maggiore oder dem Lago di Lugano fühlt man sich bereits wie in Italien und kann „dolce vita" schon so richtig genießen. Aber apropos Seen, davon hat die Schweiz noch mehr zu bieten. Vierwaldstätter See, Genfer See oder Zürichsee sind ebenfalls attraktive Ziele. Und wer es beschaulich mag, sich gern abseits der großen Touristenströme aufhält, dem empfehle ich einen Abstecher an den Walensee, kaum zu glauben, aber wahr, hier sind einige Dörfchen nur per Boot oder zu Fuß zu erreichen.

Paradies für Aktivurlauber

Mit ihren vielen Naturschönheiten ist die Schweiz ein Paradies für Aktivurlauber und Outdoorfans. Die schönsten Touren und Unternehmungen stellt Ihnen Dina Stahn in der Rubrik „DuMont Aktiv" vor. Ein persönliches Highlight war für sie übrigens das „Gletscher-Weekend" (S. 99), eine gewisse Kondition braucht man für die vier- bis zehnstündigen Tagesmärsche allerdings schon. Wer es gern etwas geruhsamer hätte, folge Ihrer Radtourempfehlung rund um den Churfirsten mit immer wieder herrlichen Ausblicken auf Zürichsee und Walensee. Mit dem Elektro-Bike können auch Ungeübte die Strecke uneingeschränkt genießen (S. 37).

Herzlich Ihre

Birgit Borowski
Programmleiterin DuMont Bildatlas

Roland Gerth ist Natur- und Reisefotograf mit Schwerpunkt Landschaften. Die Faszination für sein Heimatland schlägt sich in all seinen Bildern nieder.

Dina Stahn, Kulturwissenschaftlerin und Journalistin, lebt in Stuttgart, bereist die Schweiz seit vielen Jahren und ist begeistert, immer wieder Neues zu entdecken.

DuMont Aktiv

DuMont Thema

DuMont Thema

Titelthemen

Westschweiz 100–115
Zentrale Schweiz 38–53
Nord- und Ostschweiz 20–37
Graubünden 54–69
Wallis 84–99
Tessin 70–83
1
2
3
4
5
6
7
8
9
10
11
KARLSRUHE
STUTTGART
STRASBOURG
FREIBURG im Breisgau
MULHOUSE
BASEL
ZÜRICH
BERN
Luzern
LAUSANNE
GENÈVE
BESANÇON
MILANO
TORINO
GENOVA
ALESSANDRIA
NOVARA
BERGAMO
BRESCIA
Konstanz
St.Gallen
Winterthur
Friedrichshafen
Kempten (Allgäu)
AUGSBURG
ULM
REUTLINGEN
Tübingen
Offenburg
Colmar
Nancy
Belfort
Biel
Neuchâtel
Fribourg
Thun
Sion
Locarno
Lugano
Como
Lecco
Chur
Vaduz
Annecy
Chambéry
Aosta
Vercelli
Pavia
Piacenza
Cremona
Mantova
PARMA
Asti
Cuneo
Savona
F R A N C E
D E U T S C H L A N D
Ö S T E R R E I C H
I T A L I A
Maßstab 1:2.000.000
0
40 km

Topziele

Die bedeutendsten Sehenswürdigkeiten des Landes und Erlebnisse, die Sie auf keinen Fall versäumen sollten, haben wir auf dieser Seite für Sie zusammengestellt. Auf den Infoseiten ist das jeweilige Highlight als **▶TOPZIEL** *gekennzeichnet.*

AKTIV

ERLEBEN

KULTUR

KÖNIG DER ALPEN

Legendäre Berge und abenteuerliche Geschichten auf Leben und Tod rund um deren Besteigung untermauern den Mythos der Alpen. Unbestrittener Berg der Berge ist das Matterhorn oberhalb von Zermatt. In der Tat besitzt kein anderer Alpengipfel solch eine markante Form und fordert so viele Bergsteiger heraus. Man muss aber nicht unbedingt auf seiner Spitze gestanden sein, um ihn zu erleben. Vom Riffelsee aus genießt man völlig entspannt die berühmte Aussicht auf die Ostwand.

WO KEIN TRITT FEHLGEHEN DARF

Für den Verkehr von Waren stellte das raue Hochgebirge seit Jahrtausenden eine gewaltige Herausforderung an Mensch und Tier dar. So mancher alte Saumpfad, wie hier am Aletschbord, wird noch immer begangen. Die großen Verkehrsströme überwinden die Alpen seit gut hundert Jahren unterirdisch durch Tunnel.

EIN SOMMER IN DEN BERGEN

Im Sommer wird es im Hochgebirge warm, aber nie zu heiß, die Luft ist frisch und klar. In den duftenden Bergwiesen die Zeit zu verbummeln, gehört für Viele zum Inbegriff des Bergsommers. Man könnte durchaus einen der Bergriesen erklimmen, aber müssen tut man es nicht.

GOTTES NEUES HAUS

Moderne Architektur hat in der Schweiz einen hohen Stellenwert. Und doch zeugt es von Mut, den berühmten romanischen Kirchen des Tessins so völlig neue Formen an die Seite zu stellen. Wer die Kirche in Mogno betritt, wird vielleicht verblüfft sein über die ungeheure spirituelle Sogkraft, die Architekt Mario Botta dem Raum verliehen hat.

ATEMHOLEN IM ENGADIN

Welches ist der schönste Platz der Schweizer Alpen? Darauf muss jeder seine eigene Antwort finden. Vielleicht die blumenübersäten Täler im Vorland oder die schroffen windumtosten Gipfel der Viertausender, vielleicht genügt auch nur eine ruhige Bank über dem Silsersee mit Blick auf den Piz da la Margna, um sich mit der Welt im Einklang zu fühlen.

IN DER GRÖSSTEN STADT DES LANDES

Der Klang der Großmünsterglocken schwebt Tag für Tag über die Altstadt von Zürich. Jenseits der winzigen Gassen liegt die Bahnhofstrasse, die zu den teuersten Einkaufsstraßen der Welt zählt. Reich ist Zürich auch an Wasser: Rund 40 Badeanlagen an Zürichsee und Limmat, wie hier das historische Frauenbad, bieten Abkühlung in der heißen Jahreszeit.

PHILIPS

Gasthaus Aescher - Wildkirchli

Großstadtflair und Heidiland

Wo sonst bietet die Schweiz mehr Vielfalt: liebliche Voralpenlandschaft mit blühenden Wiesen und sanften Hügeln, Großstadtflair in Zürich und Basel, dahinter warten die Alpen. Die abgeschiedenen Täler der Ostschweiz sind von stiller Schönheit, der Walensee und die warmen Quellen von Bad Ragaz versprechen angenehme Tage.

Mit dem Gebirge auf Tuchfühlung: Berghaus Äscher-Wildkirchli im Alpsteinmassiv, das zu den Appenzeller Alpen gehört.

Basel, die Metropole im Dreiländereck, besitzt viele attraktive Seiten: die Uferpromenaden entlang des Rheins, das Münster auf dem Hügel und ein Rathaus ganz in Rot. Einmal jährlich übernehmen bei der Basler Fasnacht die Narren das Regiment in der Stadt.

Gleich hinter der Landesgrenze zwischen Rhein und Bodensee grüßen Schweizer Fahnen von Häusern und Hügelspitzen. Kein Zweifel, viele Eidgenossen sind stolz auf ihr Land. Wie offen man hier dennoch für andere sein kann, beweist Basel, das durch seine Lage im Dreiländereck Frankreich/Deutschland/Schweiz schon immer multikulturell geprägt war und sich darüber hinaus als Kunststadt einen Namen gemacht hat.

BASEL: TOR ZUR SCHWEIZ

Basel ist für alle, die aus dem Norden anreisen, eines der wichtigsten Tore zur Schweiz. Die Stadt verdankt ihr warmes Klima den Winden aus Burgund, ihren besonderen Reiz hingegen der malerischen Altstadt. Nirgendwo sonst hat es der Philosoph Friedrich Nietzsche länger ausgehalten, dessen flackernder Geist ihn immer fort und weiter drängte. Basel besitzt die älteste Universität der Schweiz (gegründet 1460) und war das Zentrum des Humanismus: Erasmus von Rotterdam lehrte hier ab 1521 und ist im Münster bestattet. Mit der Industrialisierung im 19. Jh. fassten die Chemiekonzerne Fuß. Hofmann-La Roche, Ciba Geigy und Sandoz (die beiden letzteren sind inzwischen zur Novartis AG verschmolzen) begründeten den Ruf Basels als Metropole der Pharmakonzerne. Hier synthetisierte Albert Hofmann, Chemiker bei Sandoz, 1938 aus Mutterkorn Lysergsäurediäthylamid, später berühmt unter dem Namen LSD, das in den 1960er-Jahren die Hippies von neuen, bunteren Welten halluzinieren ließ. Heute hält die Stadt an einer anderen Art Rausch fest, der sich alljährlich wiederholt: die Basler Fasnacht.

MASKEN IM MORGENGRAUEN

Weil die Basler eigenwillig sind, beginnen sie ihre Fasnacht erst, wenn andere ihren Mummenschanz schon wieder eingemottet haben. Am Montag nach Aschermittwoch treffen sich halb Basel

Die vielen Altstadtgässchen machen den Charme von Zürich aus.
Typisch für die Augustinergasse sind die zahlreichen Erker.

Eine der teuersten Einkaufstraßen der Welt:
die Bahnhofstrasse in Zürich.

Hochhäuser wird man in Zürichs City vergeblich suchen. Hier bildet das Großmünster den zentralen Blickfang. Ihm vorgelagert reihen sich am Limmatquai markante Zunfthäuser aneinander. Unmittelbar an der Münsterbrücke steht das Helmhaus, heute Ausstellungsraum.

und ein internationales Publikum lang vor dem Morgengrauen zum „Morgestraich". Man tritt von einem Bein aufs andere, um die Winterkälte aus den Knochen zu vertreiben. Dicht an dicht stehen die Zuschauer, und dann, 3.55 Uhr, verlöschen alle Straßenlaternen, Schlag 4.00 Uhr dröhnen Trommeln aus dem Dunkel, man fühlt sich ins Mittelalter versetzt. In allen Gassen tauchen Maskierte mit großen Laternen auf und ziehen, begleitet vom Geschrill der Guggenmusiker, zum Marktplatz und durch die Kneipen. Ab 13.30 Uhr formiert sich die Cortège, ein Umzug der Masken, der nach exakt vorgeschriebener Strecke durch Basel zieht. Außer Rand und Band zu sein wird in Basel recht fahrplanmäßig zelebriert – und das seit dem 19. Jh. Darüber hinaus ist die Basler Fasnacht eine anspruchsvolle Sache: Hohn und Spott, den die „Schnitzelbänggler" in Versform über Politiker und Prominenz ausgießen, sind durchaus von Niveau. Der Dienstag gehört dann ganz den Guggenmusikern und ihren schrägen Tönen. Wer die Cortège versäumt hat, kann am Mittwoch noch mal am Straßenrand stehen und den Masken zujubeln. Doch alles hat ein Ende: Das findet die Basler Fasnacht genau 72 Stunden später mit dem „Ändstraich" am Donnerstag, ebenfalls um 4.00 Uhr, und dann kehren die Basler wieder zurück in ihren Alltag in Fabriken und Banken.

ZÜRICH: REICH UND TEUER

So mancher deutsche Student musste schon einen Studienplatz in der größten Stadt der Schweiz ausschlagen, weil er sich die Mieten dort nicht leisten konnte – und kann. Zürich sticht Deutschlands teuerstes Pflaster München in dieser Hinsicht lässig aus. Daraus zu schließen, Zürich sei eine schillernde Weltstadt wie Tokio oder New York, ist falsch. Das Gegenteil ist der Fall. Zürich wirkt überschaubar, freundlich, ja geradezu kleinstädtisch-gemütlich trotz der gewaltigen Summen, die

St. Gallen liegt bezaubernd schön zwischen Bodensee und Alpengipfeln. 612 gründete der irische Wandermönch Gallus an dieser Stelle eine Einsiedelei. Später entstand hier ein Benediktinerkloster, zu dem auch die barocke Stiftskirche gehört.

Ungewöhnlich reicher Fassadenschmuck ziert die Altstadthäuser in Stein am Rhein.

Ein paar Kilometer flussabwärts stürzt der Rhein spektakulär über den Rheinfall bei Schaffhausen.

Special STIFTSBIBLIOTHEK ST. GALLEN

1000 Jahre alte Bücher

Weit über die Landesgrenzen hinaus ist das Kloster von St. Gallen bekannt. Die barocke Stiftskirche selbst ragt riesenhaft mitten in der Stadt auf, während die nicht minder prominente Bibliothek sich bescheiden im Kloster versteckt. Der Besucher durchquert ein kühles Treppenhaus und gelangt im ersten Stock zu der berühmtesten Bücherkammer der Schweiz, dem zwischen 1758 und 1767 geschaffenen prachtvollen Barocksaal, der heute zusammen mit dem Kloster zum UNESCO-Weltkulturerbe zählt.

KUNSTWERKE AUS DER HAND DER MÖNCHE

Vor lauter Staunen über die wundervolle Holzvertäfelung vergisst man fast den eigentlichen Schatz der Bibliothek, die Bücher selbst. 30 000 von dem insgesamt 150 000 Bände zählenden Bestand der Bibliothek stehen hier im Saal in vergitterten Regalen. Nicht alles gehört zur religiösen Literatur, auch Bücher über Musik, Kunstgeschichte, Medizin und Jura wurden in der 1200-jährigen Geschichte der Bibliothek gesammelt. Die wertvollsten Exemplare liegen unter Glas: Bildhandschriften, die zwischen dem 7. und 11. Jh. von Mönchen in mühsamer Arbeit angefertigt wurden. Jedes Buch war Teamarbeit: Ein Mönch malte die Schriftzeichen aufs Pergamentpapier, ein anderer schuf die verschlungenen Bildumrandungen, und für die Malereien war ein weiterer Mönch zuständig. Goldschmiede und Elfenbeinschnitzer sorgten bei vielen Bänden dafür, dass die Buchdeckel ihrem kunstvollen Inhalt in nichts nachstanden. Unter den 2000 Original-Handschriften befindet sich auch eine Version des Nibelungenlieds, die sogenannte Handschrift B, datiert auf ca. 1270. Wertvollstes Buch der St. Gallener Bibliothek ist das karolingische Psalterium Aureum: Es wurde ums Jahr 860 Buchstabe für Buchstabe mit Goldtinte geschrieben und aufwendig illustriert.

Ein einzigartiger Aufbewahrungsort für 30 000 wertvollste Bücher.

an diesem größten Bankenplatz des Landes Tag für Tag in aller Stille von Konto zu Konto wandern – und gleich nebenan bieten auf dem Markt in der Innenstadt Bäuerinnen aus dem Umland ihre Äpfel an. Doch genau das macht Zürich aus: Das Nebeneinander und Miteinander von Superreich und Ottonormal, von Bankern und Bauern. Kommt man zum ersten Mal nach Zürich, wird man zunächst ein bisschen enttäuscht – und dann umso bezauberter sein. Winzige Gässchen durchziehen die gesamte Altstadt, die geprägt ist von Fachwerk, Zunfthäusern und Kopfsteinpflaster, ab und zu bimmelt eine Tram vorbei. Zum Bahnhof hin weitet sich die Stadt, und hierhin führt ihre teuerste Meile, die Bahnhofstrasse. Dort sitzen exklusive Marken von Weltruf und ein Luxusjuweliergeschäft reiht sich an das andere. Was mancher nicht einmal im Jahr verdient, geben andere hier für ein zierliches Ührchen oder eine kleine Goldkette aus.

TRIP IN DIE TROPEN

Ein Ausflug nach Madagaskar gefällig? Der Züricher Zoo macht es möglich: Kaum öffnet man die Tür der 30 m hohen Masoala-Halle, läuft man gegen eine Wand aus 80 % Luftfeuchtigkeit und 30 Grad Wärme, es riecht dumpf und modrig und fremd. Überwältigend ist die schiere Masse der Pflanzen auf engstem Raum, 11 000 m² Dschungel-Gefühl, mitten in der Schweiz. Die künstlich-natürliche Welt bildet den Masoala-Regenwald in Madagaskar ab. Dazu lassen die Erbauer der Dschungelwelt täglich 80 000 Liter Wasser regnen, überlassen ansonsten aber die rund 17 000 Pflanzen und 400 Tiere weitgehend sich selbst. Nur dann und wann greifen sie ein, wenn Schädlinge sich zu sehr vermehren und wenn die Tiere Futter brauchen. Gitter gibt es keine, so flattern die Flughunde direkt über die Köpfe der Besucher und Weißkopfmakis schauen aus riesigen Augen auf die Zweibeiner.

Schätze des Kantons St. Gallen: Idylle in Ebnat-Kappel ...

... und der grandiose Blick vom 2502 m hohen Säntis in die Schneewelt der Alpen.

Wasser zieht Menschen magisch an und trägt zum Wohlbefinden bei. Erst recht dort, wo heilsame Thermalquellen sprudeln wie in Bad Ragaz, dem berühmten Kurort im Taminatal. Hier ein Blick ins Grand Hotel Quellenhof.

Heile Welt mit Kuhglocken, Bergen und Ziegen – das liefert Stoff für viele Bücher. Tracht legen die Sennen heute beim Alpaufzug an wie hier auf dem Weg zur Schwägalp bei Appenzell.

IN DER UMARMUNG DES RHEINS

Hoch droben in den Bergen Graubündens entspringt der Rhein und legt seinen starken Arm um die nordöstliche Grenze des Landes. Auf dem Weg nach Basel, wo er die Schweiz wieder loslässt, durchfließt er den Bodensee. Am Austritt des Rheins aus dem See liegt Stein am Rhein, berühmt für die kunstvoll bemalten Fassaden in der Altstadt. Erst weiter westlich kommt wieder Leben in den vom Seedurchqueren gebremsten, behäbig gewordenen Fluss: Bei Schaffhausen stürzen seine Wasser über 23 m hohe weiße Felszacken aus Jurakalk, jetzt spricht der Rhein mit Donnerstimme. Täglich sehen Hunderte dem Spektakel am Rheinfall zu, lassen auf den Aussichtsplattformen mit Gruseln den größten Wasserfall Europas unter sich durchschießen – und manche glauben, in der schäumenden Gischt sogar Lachse springen zu sehen. Ganz unwahrscheinlich ist das nicht, denn das Wasser hat wieder die entsprechende Qualität.

WAHLRECHT AUCH FÜR FRAUEN

Rund um das freundliche Städtchen Appenzell legt man auf Traditionen großen Wert. Hier gilt sogar noch der julianische Kalender, weswegen Neujahr gleich zwei Mal gefeiert wird: am 1. und am 13. Januar jeden Jahres. Die Gegend um Appenzell gilt als Inbegriff eines gewissen Beharrungsvermögens, um nicht zu sagen Stursinns. So wurde im Kanton Appenzell-Innerrhoden erst 1990 auf Druck der Bundesregierung und gegen den Willen der Stimmbürger auch für Frauen das kantonale Wahl- und Stimmrecht eingeführt.

Man mag darüber den Kopf schütteln – und die östliche Schweiz trotzdem innig ins Herz schließen: Eingeklemmt zwischen mondänen Gipfeln der Alpen, die anderen Kantonen zugehören, und dem (billiger zu bereisenden) Nachbarland Österreich, führt die Region rund um Toggenburger Land, Glarus und Bündner Herrschaft ein stilles Dasein. Doch genau das schätzen ihre Gäste. Hier gibt es Kurorte von Weltruf wie Bad Ragaz, die Taminaschlucht kann es mit der legendären Via Mala aufnehmen. Doch sollen wir hier wirklich offenbaren, welch ein Juwel der Walensee ist, im Schatten der markanten Kette der Churfirsten? Sollen wir verraten, welch himmlische Ruhe in diesen Wäldern herrscht? Wer wenig anfangen kann mit mancher Aufgeregtheit der Tourismus-Hochburgen, wer auf Stille und Beschaulichkeit setzt, gemütliche Wirtschaften und guten Wein schätzt, wird hier sein Dorado finden.

Die Berge inspirierten Johanna Spyri zu einem Weltbestseller.

HEIDILAND GOLFT

Dass die Ostschweizer Region weit über die Landesgrenzen bis nach Japan hinaus berühmt wurde, ist der in der Nähe von Zürich geborenen Jugendbuchautorin Johanna Spyri (1827–1901) zu verdanken. Sie weilte oft in Bad Ragaz wie auch im benachbarten, schon zu Graubünden zählenden Maienfeld und ließ sich von der hiesigen Bergwelt zu ihrem 1880/1881 erschienenen Heile-Welt-Bestseller „Heidi" inspirieren. Dessen Erfolg wiederum inspirierte die Marketingexperten unserer Zeit, die vorzugsweise mit Heidi die Werbetrommel für Maienfeld und Sarganserland rühren. Sogar einen Golf Club Heidiland gibt es. Wenn das der Alp-Öhi wüsste!

NATUR IM WANDEL

Alpen ohne Gletscher?

Droht eine Klimakatastrophe? Darüber streiten die Gelehrten. Hieb- und stichfest sind die Messungen an den Alpen-Gletschern. Diese schmelzen seit Jahren, und das mit steigender Geschwindigkeit.

Vergängliche Schönheit: Der Große Aletschgletscher schrumpfte binnen zehn Jahren um 52 Meter. Eine Trendwende zeichnet sich nicht ab.

Seit über 300 Jahren beten die Katholiken in Fiesch jeden 31. Juli gegen das Anwachsen des Großen Aletschgletschers, dem größten Gletscher der Alpen. Sein Eis hatte in der Vergangenheit wiederholt Häuser unter sich begraben und den Märjelensee zum Überlaufen gebracht. „Gletscherbannen“ war im Alpenraum gang und gäbe, um der Gefahr durch das Eis zu begegnen. Die Gebete scheinen erhört: Seit etwa 1850 schmelzen die rund 1500 Alpengletscher.

GLOBUS UNTER DAMPF

In den vergangenen 150 Jahren hat sich die Jahresmitteltemperatur in den Schweizer Alpen nachweislich um 1,5 °C erhöht. Der Temperaturanstieg nach 1850 ist dem natürlichen Ende einer kleinen Eiszeit gezollt; seit der Mitte des 20. Jh.s aber ist es der Treibhauseffekt, der für einen sich beschleunigenden Klimawandel sorgt. Als im Sommer 2003 ganz Europa unter einer nie dagewesenen Hitzewelle stöhnte, verloren die Alpengletscher 5 bis 10 % ihres Eisvolumens Das macht sich nicht nur auf dem Papier bemerkbar: Der Morteratschgletscher schmolz 2008/2009 um rund 32 Meter zurück, und die schimmernd blaue Eishöhle (Bild links), vor 2008 eine Touristenattraktion, ist zwischenzeitlich eingestürzt.

Dr. Michael Zemp, Glaziologe an der Universität Zürich, konnte anhand von Klima-Gletschersimulationen nachweisen, dass selbst im günstigsten Fall eines Temperaturanstiegs von nur 1 °C in den nächsten Jahren der alpine Gletscherrückgang nicht mehr umkehrbar sein wird. Im schlimmsten Fall – Anstieg 5 °C und sinkende Niederschlagsmengen – prognostiziert Zemp nahzu eisfreie Alpen bis zum Ende des Jahrhunderts.

Die ersten Folgen des Temperaturanstiegs sind schon zu spüren: Gletscher schmelzen ab, Bergstürze häufen sich.

Handfeste Probleme drohen: Die schwindende Kraft der Gletscher zur Regulierung des Wasserhaushaltes gepaart mit größeren Niederschlagsmengen können zu mehr Überschwemmungen führen. Bergbahnen verankern ihre Masten und Stationen im

Gletscher am Sustenpass zwischen Bern und Uri: Der Bergtourismus gehört zu wichtigen Einnahmequellen in der Schweiz. Wenn die Gletscher abschmelzen, bleibt nur Geröll zurück. Wenig attraktiv zum Wandern, ungeeignet zum Klettern.

Permafrostboden, also im gefrorenen Lockergestein. Taut der Boden auf, müssen die gesamten Haltevorrichtungen erneuert werden. Das kostet Unsummen, ganz davon abgesehen, dass sich durch die auftauenden Böden die Gefahr von Steinschlägen erhöht. Der Felssturz am Eiger im Jahre 2006 zeigt, was hier auf Anwohner und Bergtouristen zukommen könnte. Je nach Region drohen mehr Schlammlawinen, Eisabbrüche, Waldbrände, Überschwemmungen. Noch bilden die Gletscher eine atemberaubende Touristenattraktion. Wo sie abschmelzen, hinterlassen sie eine einförmige Schotterwüste, die deutlich weniger attraktiv ist als die mächtigen Wunder aus Eis und Schnee. Insgesamt keine guten Nachrichten für die Vermarkter einer heilen Bergwelt.

WASSERSKI STATT ABFAHRTSLAUF?

Klimaänderungen wirken sich auch auf die Schneesicherheit aus. Das Schweizer Bundesamt für Umwelt BAFU prognostiziert im Zusammenhang mit der Temperaturerhöhung steigende Schneefallgrenzen, d.h., schneesicher werden auf lange Sicht allein die Hochgebirgszonen sein, während das Alpenvorland neue Angebote für die Gäste erschließen müsste. Auch Schneekanonen würden es dann schwer haben, das Defizit langfristig auszugleichen, zumal in der Schweiz große Anstrengungen unternommen werden, sich möglichst klimaneutral zu verhalten.

Doch heißere Sommer bringen auch Vorteile: Badeaufenthalte und Wassersport rund um die Schweizer Seen würden attraktiver, die Saison für Wanderer und Kletterer im Hochgebirge verlängerte sich. Schon jetzt reagieren Tier- und Pflanzenwelt: wärmeliebende Arten nehmen zu, einzelne Zugvogelarten werden zu Standvögeln, Alpenpflanzen „wanderten" in den letzten Jahren 13 Höhenmeter hinauf.

Die Fiescher haben übrigens 2009 beim Papst die Erlaubnis erbeten, ihr Gletscher-Gelübde zu ändern: nicht schwinden, sondern wachsen soll das Eis.

FAKTEN

Gletscherrückzug 2008/2009
Unter 92 untersuchten Schweizer Gletschern befanden sich 84 auf dem Rückzug, sechs blieben unverändert, zwei sind geringfügig vorgestoßen.

Auswahl Forschungsnetzwerke und weitere Informationen:
Schweizer Gletschermessnetz:
http://glaciology.ethz.ch/messnetz/index.html
Schweizer Expertenkommission Kryosphere:
www.cryosphere.ch
Klimaänderungen Schweiz:
Schweizer Regierung: www.bafu.admin.ch/klima/

Maßstab 1:650.000
10km
01
02
03
04
BASEL
ZÜRICH
BERN
FREIBURG i.Breisgau
Konstanz
Friedrichshafen
Lindau (B.)
Bregenz
St.Gallen
Winterthur
Schaffhausen
Luzern
Zug
Schwyz
Aarau
Olten
Solothurn
Burgdorf
Liestal
Lörrach
Müllheim
Bad Krozingen
Donaueschingen
Tuttlingen
Singen (H.)
Radolfzell a.B.
Überlingen
Stockach
Pfullendorf
Markdorf
Ravensburg
Weingarten
Bad Waldsee
Bad Saulgau
Tettnang
Meckenbeuren
Dornbirn
Hohenems
Götzis
Rankweil
Feldkirch
Herisau
Gossau
Wil (SG)
Frauenfeld
Kreuzlingen
Arbon
Rorschach
Bülach
Kloten
Uster
Wetzikon
Rapperswil
Wädenswil
Horgen
Meilen
Stäfa
Küsnacht
Zollikon
Dübendorf
Schlieren
Dietikon
Baden
Wettingen
Brugg
Lenzburg
Wohlen (AG)
Bremgarten
Zofingen
Emmen
Littau
Kriens
Horw
Langenthal
Waldshut-Tiengen
Bad Säckingen
Rheinfelden
Riehen
Muttenz
Pratteln
Allschwil
Reinach
Schopfheim
Wehr
Weil a.Rh.
Einsiedeln
Sarnen
Altdorf
Pilatus
Rigi
Säntis
Vaduz
Bodensee
Aargau
Thurgau
Glarus
Nidwalden

Bücher, Banken und das Heidi

Wer sich für Kunst und Kultur interessiert, malerische Altstädte besichtigen und erstklassige Einkaufsmöglichkeiten nutzen will, ist in Basel und Zürich bestens aufgehoben. In St. Gallen birgt die Stiftsbibliothek wahre Bücherschätze. Berühmt ist Bad Ragaz wegen seiner Thermalbäder und dank Johanna Spyri, der in dieser malerischen Bergwelt die Idee zu „Heidi" kam.

01 BASEL

Sieben Brücken und vier Fähren überwinden den Rhein, der mitten durch Basel (160 000 Einw.) fließt. 1858 wurde mit der Gründung der Farbstofffabrik Geigy und Heusler der Grundstein für die Basler Chemie gelegt. 1471 verlieh Kaiser Friedrich III. Basel das Recht, „auf ewige Zeiten" Messen durchzuführen. Das nutzen die Basler bis heute. So ist die ART Basel im Juni die größte Kunstmesse der Welt. Über 30 Museen haben hier ihren Sitz.

Sehenswert

Basels Schatzkästlein ist die **Altstadt**. Am malerischsten ist sie rund um Heuberg, Gemsberg und Nadelberg. Wahrzeichen der Stadt am Rhein ist das **Münster**, dessen Geschichte bis ins 9. Jh. zurückreicht. Mehrfach umgebaut, sind heute vor allem die beiden 62 m bzw. 65 m hohen gotischen zart-durchbrochenen Türme ein Blickfang, desgleichen die Galluspforte (um 1180), das bedeutendste romanische Figurenensemble des Landes. Vom Münster aus gelangt man nordwärts zum **Marktplatz**. Jeden Vormittag verkaufen hier die Landwirte der Umgebung frisches Obst und Gemüse, und die Tomaten funkeln mit dem knallroten **Rathaus** um die Wette. Dessen ältester Teil sind die 1504 – 1521 errichteten gotischen Arkaden. Via Fischmarkt und Petersplatz erreicht man das um 1390 erbaute **Spalentor**, das jedem Ritterfilm als Kulisse dienen könnte. Es ist ein Rest der alten Stadtmauer und gilt als einer der schönsten Torbauten der ganzen Schweiz.

Museen

Ein paar Schritte südlich des Münsters erreicht man das **Kunstmuseum Basel**. Weltruf genießt u.a. die Sammlung von Werken der Holbein-Familie. Das angeschlossene **Museum für Gegenwartskunst** zeigt Kunst ab 1960, darunter Werke von Bruce Naumann und Joseph Beuys sowie eine einzigartige Sammlung französischer Impressionisten (Di.–So. 10.00 bis 18.00 Uhr). In der Barfüsserkirche stellt das **Historische Museum Basel** seine kultur- und kunstgeschichtlich wertvollen Schätze aus. Herausragend ist hier die Sammlung spätgotischer Wandteppiche (Di.–So. 10.00–17.00 Uhr).

Tipp

Bau ohne rechte Winkel

Walddorfschule, Demeter-Landbau und eine erweiterte Medizin sind die bekanntesten Errungenschaften der anthroposophischen Bewegung. Von Rudolf Steiner (1861 – 1925) gegründet, befindet sich ihr Weltsitz in Dornach bei Basel. 1925 – 1929 wurde hier das Goetheanum errichtet, ein Paradebeispiel der anthroposophischen Architektur. Im Goldenen Saal finden Konzerte, Mysteriendramen und Eurythmieaufführungen statt. Besonders köstlich: die vegetarische Küche des Speisehauses, das täglich geöffnet hat Von Basel aus ist das malerische Dornach auf einer einstündigen Fahrt mit der Tram Linie 10 zu erreichen.

Führungen tgl. 14.00 Uhr
Tel. 06/1706444, www.goetheanum.ch

Eigentlich war Jean Tinguely Dekorateur, wurde aber „wegen Disziplinlosigkeit" entlassen. Was für Früchte dies trug, zeigt das **Museum Jean Tinguely**, das die skurrilen-abstrakten Apparate des Meisters ausstellt. Interessant auch für Kinder (Di.–So. 11.00–19.00 Uhr).

Umgebung

Unbedingt einen Ausflug wert ist die **Fondation Beyeler**. Rund 200 Bilder und Skulpturen der Klassischen Moderne stifteten Ernst und Hildy Beyeler. Die hochkarätigen Werke stehen im Basler Vorort Riehen in einem extravaganten Bau des Architekten Renzo Piano (tgl. 10.00–18.00, Mi. bis 20.00 Uhr). 2010 eröffnete in **Pratteln** (10 km östl.) **Aquabasilea**, ein Bäder- und Wellnesszentrum der Superlative auf 13 000 m² (www.aquabasilea.ch).

Information

Basel Tourist & Hotel Information
Steinenberg 14 (Stadt-Casino)
4010 Basel, Tel. 061/268 68 68
www.basel.com

02 ZÜRICH

Als größte Stadt der Schweiz (371 000 Einw.), mit ihrer Eleganz, den Banken- und Industrieansiedlungen, teuren Geschäften und breit gefächertem Kulturangebot gilt Zürich ▶**TOPZIEL** als heimliche Hauptstadt des Landes. Noch heute zeugen die prächtigen Zunfthäuser entlang der Limmat von Macht und Reichtum der Zünfte, die im Mittelalter die Geschicke der Stadt steuerten. 1523 bereitete Huldrych Zwingli in Zürich den Boden für die Reformation in der Schweiz.

Sehenswert

Zwischen 1100 und 1220 wurde das **Großmünster** erbaut. Seine charakteristischen Doppeltürme, Wahrzeichen von Zürich, gehen auf das 18. Jh. zurück. Im schlichten Innenraum fallen vor allem die romanischen Kapitelle auf und die 2009 eingebauten Glasfenster von Sigmar Polke. Ins **Fraumünster**, auf der anderen Seite der Limmat, sollte man wegen des von Marc Chagall (Fensterzyklus von 1970 und Rosette von 1978) und Augusto Giacometti (Nordfenster von 1945) entworfenen farbigen Glasfensters einen Blick werfen (April–Okt. 10.00 bis 18.00, Nov.–März 10.00–16.00 Uhr). Den hervorragenden **Zoo** auf dem Zürichberg erreicht man vom Hauptbahnhof aus bequem mit der Tram Linie 6 (März–Okt. 9.00–18.00, Nov. bis Feb. tgl. 9.00–17.00 Uhr).

Museen

Mit über 50 Museen gehört Zürich zu den kulturellen Schwergewichten der Schweiz. Das wichtigste Museum des Landes in allen Belangen der (Alltags-) Kultur und Geschichte ist das **Landesmuseum** gleich neben dem Bahnhof. Es sieht aus wie eine alte Burg, wurde aber erst 1892–1898 errichtet; 2009 wurden zwei Dauerausstellungen völlig neu gestaltet (Di. bis So. 10.00–17.00, Do. bis 19.00 Uhr). Das **Kunsthaus** Zürich besitzt eine der bedeutendsten Sammlungen von Gemälden und Skulpturen in ganz Europa. Wichtige Schwerpunkte sind Alte Meister des Mittelalters und der flämischen Malerei, heimische Künstler des 19. und 20. Jh., insbesondere Werke von Ferdinand Hodler (Di. 10.00–18.00, Mi.–Fr. 10.00–20.00, Sa., So. 10.00–18.00 Uhr). Eine Sammlung von Weltruf präsentiert **Museum Rietberg**. In eindrucksvoller Inszenierung sind Kunstwerke aus Asien, Afrika, Amerika und Ozeanien zu genießen (Di.–So. 10.00–17.00, Mi., Do. bis 20.00 Uhr).

Hotels

Am Rande der Altstadt, wo die Polybahn aufwärts rumpelt, liegt **Hotel Rütli**. Zimmer nach hinten sind ruhiger (DZ ab 260 CHF, Zähringerstrasse 43, Tel. 044/254 58 00, www.ruetli.ch).

Abseits vom Schuss und doch mit der Tram gleich in der City, traumhaft-ruhige Lage und Sonnenterrasse bietet **Hotel Zürichberg** (DZ ab 350 CHF, Orellistr. 21, Tel. 044/268 35 35, www.zuerichberg.ch).
Hotel-Landgasthof Wassberg, 15 Min. von Zürich in Forch, verfügt über moderne Zimmer mit Parkett und Aussichtslage über dem Zürichsee (DZ ab 192 CHF, Wassbergstrasse 62, Tel. 043/366 20 40, www. hotel-wassberg.ch).

Umgebung

Beliebtestes Naherholungsziel ist der **Uetliberg**, Zürichs Hausberg (871 m hoch). Am besten zu erreichen mit der S 10 ab Hauptbahnhof. Rund 25 km nordöstlich von Zürich liegt **Winterthur** (98 000 Einw.), die zweitgrößte Stadt des Kantons Zürich. Hier hat das größte europäische Zentrum für Fotografie mit Fotomuseum Winterthur und Fotostiftung Schweiz seinen Sitz. Über zehn Ausstellungen pro Jahr geben immer neue Einblicke in die Fotokunst (Di.–So. 11.00–18.00, Mi. 11.00–20.00 Uhr). Nicht versäumen: das Museum Oskar Reinhart, wo unter rund 600 Gemälden auch Caspar David Friedrichs „Kreidefelsen auf Rügen", eines der wichtigsten Werke der deutschen Romantik, ausgestellt wird (Di. 10.00–20.00, Mi.–So. 10.00–17.00 Uhr). Weitere Schätze der europäischen Malerei von Cranach bis Picasso mit Schwerpunkt auf französischen Werken des 19. Jh.s zeigt Sammlung Oskar Reinhart in der Villa am Römerholz (Di.–So. 10.00–17.00, Mi. bis 20.00 Uhr). Ideal für Wissbegierige aller Altersstufen: das Technorama, in dem es viel zum Schauen und Ausprobieren gibt (Di.–So. 10.00–17.00 Uhr).

Information

Zürich Tourismus
Im Hauptbahnhof, 8021 Zürich
Tel. 044/215 40 04, www.zuerich.com

03 SCHAFFHAUSEN

Dem Rheinfall verdankt Schaffhausen (34 000 Einw.) seit langem Geld und Gäste. Früher mussten die Waren an den mächtigen Stromschnellen zeitaufwendig umverladen werden, was Arbeitsplätze schuf. Heute lockt der größte Wasserfall Europas das Publikum zu Tausenden.

Sehenswert

Munot heißt die wuchtige, im 16. Jh. als Fliehburg erbaute Festung, die über Schaffhausen wacht. Keimzelle der Stadt ist das Münster (erbaut ab 1104). Rundum gruppieren sich wie Küken um die Henne sehr nette Gässlein. Von Schloss Laufen aus hat man eine exzellente Sicht auf den 150 m breiten und 23 m hohen Rheinfall. Mutige fahren von hier aus mit dem Ausflugsschiff in die Gischt hinein bis direkt unter die tosenden Wasser.

Zahlreiche Wanderwege erschließen die Bergwelt rund um Appenzell, hier das Alpsteinmassiv.

Museen

Das **Museum zu Allerheiligen** zeigt Relikte aus der Stadtgeschichte und zeichnet die Entwicklung der Schaffhauser Industrie nach (Di. bis So. 11.00–17.00 Uhr). Konzeptuelle Kunst und Minimal Art aus den 1960er und 70er Jahren stellen die **Hallen für neue Kunst** aus (Sa. 15.00–17.00, So. 11.00–17.00 Uhr).

Umgebung

In **Stein am Rhein** (19 km östlich von Schaffhausen) verlässt der Rhein den Bodensee, um sich Richtung Rheinfall aufzumachen. Ältestes Gasthaus der Stadt ist der Rote Ochsen (erbaut 1446), der sich auf dem fotogenen Marktplatz in den Blick schiebt. Den Weißen Adler zieren Szenen aus Boccaccios Decamerone. Blickfang des Benediktinerklosters St. Georgen ist die romanische Säulenbasilika aus dem 11. Jh. Ein heimatkundliches Museum im Kloster gibt Auskunft über Geschichte und Alltag (März–Okt. Di.–So. 10.00–17.00 Uhr).

Information

Schaffhauserland Tourismus
Herrenacker 15, 8201 Schaffhausen
Tel. 052/632 40 20, www.schaffhauserland.ch

Tipp

Extravaganter Schmuck

Wahre Eyecatcher sind die Schmuckstücke in Monies Jewelery. Gefertigt aus Steinen, Jade, Knochen und Ebenholz wirken die wuchtigen Ketten und Armbänder fast wie Kultobjekte aus Schwarzafrika. Schon allein das Anschauen begeistert.

Zürich, Storchengasse 17
Tel. 044/211 08 10

04 ST. GALLEN

Klosterkirche und Stiftsbibliothek haben die Stadt (72 000 Einw.) berühmt gemacht. Ausnehmend schön ist zudem die Altstadt, wo prächtige Giebel viele ehrwürdige Bürgerhäuser schmücken. Im Mittelalter war St. Gallener Tuch begehrt und teuer. Heute kaufen namhafte Hersteller wie Armani, Versace und Gucci hier Stoffe ein.

Sehenswert

612 gründete der irische Wandermönch Gallus eine Einsiedelei, aus der sich das nach ihm benannte, 1805 aufgelöste Benediktinerkloster entwickelte. Heute zählt der „Stiftsbezirk St. Gallen" zum UNESCO-Weltkulturerbe. 1755 bis 1767 wurde die **Kathedrale** mit ihren wuchtigen Doppeltürmen von den Vorarlberger Baumeistern Peter Thumb und Johann Michael Beer sowie Johann Caspar Bagnato errichtet. Joseph Anton Feuchtmayer schuf die Beichtstühle im Langhaus sowie das herrliche Chor-

gestühl mit den historischen Orgeln. Die **Stiftsbibliothek** ▶**TOPZIEL** gilt als der schönste Bibliotheksraum des Spätbarock und wurde zwischen 1758 und 1767 von verschiedenen Künstlern geschaffen (Mo.–Sa. 10.00–17.00, So. 10.00–16.00 Uhr).

Museen

Das **Textilmuseum** präsentiert historische Stickereien aus dem 14. Jh., Spitzen aus der Schweiz, aber auch jahrtausendealte Stoffe aus ägyptischen Gräbern. Prachtgewänder zeigen, was gute Schneider aus Stoff zu machen verstanden (tgl. 10.00–17.00 Uhr).

Hotels

Luxus pur im stilvollen Fünfsterne-Ensemble bietet das **Grand Resort Bad Ragaz** mit Grand-Hotel Quellenhof und Grand-Hotel Hof Ragaz (DZ ab 790 CHF im Quellenhof, ab 590 CHF im Hof Ragaz, Tel. 081/303 30 30, www.resortragaz.ch). Klein, aber besonders sympathisch und vom Preis her noch erschwinglich ist das **Hitsch-Huus** im Dorfkern von Fanas (DZ 140–170 CHF, Fanas, Alte Kirchgasse 1, Tel. 081/325 14 19, www.hitschhuus.ch).

Restaurant

In 2020 m Höhe befindet sich das **Maschgenkamm Panorama-Restaurant** (Hauptgericht 22–27 CHF) mit Blick auf Säntis und Churfirstenkette (Flumserberg, Tel. 081/733 19 39, www.maschgenkamm.ch).

Umgebung

Auf dem Hausberg des Appenzeller Landes, dem **Säntis** (2502 m ü.NN., 32 km südlich von St. Gallen, mit Panorama-Restaurant), ist es zu jeder Jahreszeit schön, sofern die Sicht gut ist. (Bergbahn Tel. 071/365 65 65, www.saentisbahn.ch). In der **Taminaschlucht** (90 km südlich von St. Gallen) entspringen warme Quellen. Im 13. Jh. mussten sich selbst gebrechliche Kurgäste noch an den Grund der Klamm abseilen lassen, um in den Thermalquellen zu baden! 1840 legte man eine Leitung aus Lärchenholz, die von da an das heilsame Nass direkt nach **Bad Ragaz** führte (83 km südlich von St. Gallen). Die Tamina-Therme wurde 2009 umfassend renoviert. Im benachbarten **Maienfeld** führen vom Bahnhof aus der Kleine (1,5 Std.) und der Große Heidiweg (4,5 Std.) zu Heidibrunnen, Heidihaus, Heidialm und Heididorf (auch Ober-Rofels genannt).

Information

St. Gallen-Bodensee Tourismus
Bahnhofsplatz 1 a, 9001 St. Gallen
Tel. 071/227 37 37
www.st.gallen-bodensee.ch
Umgebung: www.ostschweiz.ch

DuMont Aktiv

Rund um die Churfirsten

Markant ragen die sieben Gipfel der Churfirsten über dem Walensee auf. Die Bergkette westlich von Bad Ragaz gilt als das Wahrzeichen von Toggenburg im Kanton Appenzell. Eine ansprechende, leichte bis mittelschwere Radtour umrundet See und Berge und passiert viele der schönsten Plätze der Ferienregion Heidiland.

Wie der zackige Rücken eines Drachens muten die aus Kalkgestein bestehenden Churfirsten an. Ihr höchster Gipfel ist der Hinterrugg mit 2306 m. Doch so hoch hinaus führt der Radweg nicht, der übrigens auch mit dem Elektro-Bike zu bewältigen ist. Start und Ziel ist Bad Ragaz. Parallel zum Rhein vorbei an Sargans über Trübbach, Buchs und das Bilderbuchstädtchen Werdenberg führt der Weg ab Gams quer durch den bewaldeten Simmitobel an der Nordseite der Churfirsten entlang. Immer wieder öffnen sich herrliche Ausblicke. Der höchste Punkt der Tour ist in Wildhaus (1098 m) erreicht. Nun geht es bergab bis Ebnat-Kappel, dann folgt noch einmal ein Anstieg auf den Ricken.

Am Rickenpass angelangt, öffnet sich ein herrlicher Blick auf den Zürichsee. In Weesen ist der Walensee erreicht, der sich blauglitzernd unter den Churfirsten erstreckt und an dem man nun recht gemütlich entlangradelt. Schloss Sargans kündigt den Zieleinlauf an. Am Ende der Tour sollte man unbedingt noch genügend Zeit einplanen, um die müden Glieder in den Thermen von Bad Ragaz zu regenerieren.

Immer im Blick: die Churfirsten

WEITERE INFORMATIONEN

- Start und Ziel: Bad Ragaz (oder Sargans)
- Länge: 130 km
- Höhendifferenz: 1175 m (zw. Buchs und Wildhaus verkehrt ein Postbus mit Radtransport, was 600 Höhenmeter spart)
- Radtor 2 Tage, E-Bike 1 Tag
- Markierung: rotes Radwegschild „Rund um die Churfirsten“
- Infos zu Übernachtungsmöglichkeiten:
Toggenburg Tourismus, Wildhaus
www.toggenburg.org
Ferienregion Heidiland
Bad Ragaz, www.heidiland.com

Wilhelm Tells Heimat

Im Herzen der Schweiz befinden sich einige der beliebtesten Reiseziele des Landes: Luzern am Vierwaldstätter See und das Berner Oberland mit seinen berühmten Bergriesen, allen voran das Triumvirat aus Eiger, Mönch und Jungfrau. Zu Füßen des Hochgebirges liegen Täler wie aus dem Bilderbuch, darunter das Emmental. Von dort aus ist der Weg nicht weit in die Bundeshauptstadt Bern.

Auf dem Titlis zwischen Engelberg und Sustenpass: Traumaussicht aus 3238 Metern Höhe

Bern, die Hauptstadt der Schweiz, im abendlichen Lichterglanz. Stolz erhebt sich in der Mitte der Altstadt das Münster; in der Verlängerung erhebt sich der Sitz der weltlichen Macht, das Bundeshaus, in dem das Parlament tagt.

Bern in seiner Vielfalt:
Altstadtcharme in der Kramgasse mit dem Zytgloggeturm, eidgenössische Selbstdarstellung durch das Bundeshaus und im modernen Gewand Museum Paul Klee.

In der geografischen Mitte der Schweiz zwischen Vierwaldstätter See und Aare liegt auch ihr politisches Herz: Auf der Rütliwiese schlossen 1291 der Legende nach die Eidgenossen ihren ewigen Bund. Südwestlich erstreckt sich das meistbesuchte Urlaubsgebiet der Schweiz: das Berner Oberland. Bern selbst, die Bundeshauptstadt, glänzt mit einer Altstadt, die zum UNESCO-Weltkulturerbe zählt.

BRUNNEN, BÄREN UND GENIES

Dass 1848 die Eidgenossen nicht Zürich oder Genf zur Bundeshauptstadt kürten, sondern das kleine Bern, unterstreicht den Hang zum Understatement der den Schweizern gerne nachgesagt wird. Denn was das Weltstädtische anbelangt, das Flair von Macht, Geld und Kommerz, bleibt Bern weit hinter der Konkurrenz zurück. Vielmehr wird die Hauptstadt als gemütlich und malerisch, überschaubar und unaufgeregt geschätzt. Und die Berner nehmen es als Kompliment, wenn von ihrer sprichwörtlichen Langsamkeit die Rede ist. Auch sonst tragen die Berner nie dick auf: Die wichtigste Straße, breit wie ein Boulevard, heißt noch immer „Kramgasse". Diese bildet die Mittelachse der so wunderschön in einer Aareschleife gelegenen Altstadt, die man dank der kilometerlangen Laubengänge selbst an Regentagen trockenen Fußes erkunden kann. Vom Ruhm der Stadt in vergangenen Jahrhunderten, als der Einflussbereich der mächtigsten Republik nördlich der Alpen bis ins Waadtland reichte, zeugen die Bürgerhäuser und die zahlreichen Brunnen. Seinen Namen hat Bern von den Bären und hält sich ein paar Exemplare des Wappentiers im Bärengraben. Allerdings streitet man sich, ob diese Tierhaltung heute noch „bärengerecht" ist. Aber alles ist ja bekanntlich relativ – fand Albert Einstein heraus, der in Bern die Relativitätstheorie entwickelte und die klassische Physik auf den Kopf stellte. Und wo wohl? In der Kramgasse!

1307 soll der Freiheitskämpfer Wilhelm Tell den Apfel vom Kopf seines Sohnes geschossen haben. An diese Nationalsaga erinnert das Telldenkmal in Altdorf. Ebenfalls Inbegriffe der Schweiz: Luzerner Kapellbrücke, die Stadt Schwyz und Jäger, die stolze Bärte tragen wie zu Tells Zeiten.

Am Vierwaldstätter See wurde angeblich die Schweiz aus der Wiege gehoben: Auf der Rütliwiese schlossen die Talschaften Uri, Schwyz und Unterwalden ihren Bund.

„Wo kann man schon mit dem Schiff zur Skipiste fahren? In Luzern!"

WOHL UND WEHE IN LUZERN

Wo kann man schon mit dem Schiff zur Skipiste fahren? In Luzern! Die Stadt am Vierwaldstätter See ist stolz auf ihre Lage direkt am Wasser und in den Bergen. Im Sommer und Herbst füllen sich die Altstadtgassen bis zum Platzen. Genießen lässt sich die Stadt auch in der Hochsaison am frühen Morgen bei einem Bummel am Nordufer der Reuss entlang zum See. Man passiert die Arkaden am Rathaus, wo die ersten Händler ihre Waren für den Bauernmarkt auspacken, schlendert über den noch menschenleeren Schwanenplatz und erreicht das Ufer des Vierwaldstätter Sees. Leichter Nebel liegt manchmal noch über dem Wasser und das Herz geht auf, wenn man Pilatus, Rigi und die Engelberger Alpen in der Morgensonne glänzen sieht. Wahrzeichen und Schmuckstück der schönen Altstadt ist die Kapellbrücke, um 1300 erbaut und damit die älteste Holzbrücke in Europa. 204 m lang windet sie sich am ebenso alten Wasserturm vorbei über die Reuss. Als die Brücke 1993 abbrannte, Grund war eine weggeworfene Kippe, traf das die gesamte Schweiz bis ins Mark. Und nicht nur sie: Spenden aus aller Welt gingen ein, und der Wiederaufbau wurde sofort in die Wege geleitet. Jenseits des Sees liegt die Rigi. Auf ihr standen schon Mark Twain und Queen Elizabeth II. – und waren sehr angetan von dem, was sich ihren Augen bot: Ein Bergpanorama aus 125 Gipfeln, darunter Eiger, Mönch und Jungfrau, das Wetterhorn und Finsterahorn, der kräftige Rücken des Säntis und der Tödi. Und unten, fast zum Greifen nah, streckt der verästelte See seine graublauen Finger nach den Bergen aus. Die Rigi selbst ist ein Wintersportparadies, wobei sich die Schweizer einen besonderen Spaß daraus machen, zu schlitteln, also mit Holzschlitten von der Rigi Kulm bis ins Klösterli hinabzusausen, 4 km in vollem Karacho.

MIT EINEM SCHUSS EIN HELD

Rütlischwur und Wilhelm Tell – das ist Schweiz pur, so lernt man in der Schule. Auf dem Rütli, einer Wiese am Urnersee, trafen sich 1291 die Urschweizer Eidgenossen von Uri, Schwyz und Unterwalden und schworen Widerstand gegen die üblen Landvögte von Habsburgs Gnaden. Wilhelm Tell, von Landvogt Gessler genötigt, musste seinem eigenen Sohn den Apfel vom Kopfe schießen – rächte sich später, tötete Gessler – und wurde zum Held. So einprägsam diese Szenen sind, über den Wahrheitsgehalt haben sich ganze Generationen von Gelehrten erbittert gestritten. Es zeichnet sich ab: Der Schwur hat so nicht stattgefunden, trotzdem gilt die

Berner Oberland: Blick auf die berühmten, 297 m hohen Staubbachfälle

Wallfahrtskapelle von Flüeli-Ranft. In dem Ort bei Sarnen wurde der einzige Schweizer Heilige geboren: Niklaus von Flüe (1416 – 1487).

Zwyssigs Brennerei in Oberarth

Bei Meiringen tut sich ein 200 m tiefer Riss im Berg auf: die Aareschlucht.

Es donnert und tost in der wilden Rosenlaui-Schlucht bei Meiringen.

Wiese selbst fast als Nationalheiligtum. Auch die Sage vom Apfelschuss ist nicht urschweizerisch, es gibt sie ebenso in anderen Ländern. Trotzdem: Die Legende lebt und inspiriert noch heute die Schweizer aller Altersgruppen. Jährlich wird am Mittwoch vor Martini am „historischen" Ort ein Rütlischießen veranstaltet und die Schweizer Gesellschaft für Geschichte (SGG) zelebriert hier jedes Jahr am 1. August die Bundesfeier.

TOP OF EUROPE

Eiger, Mönch, Jungfrau sind der zentrale Akkord der Berner Alpen, ein weltberühmtes Dreigestirn, wobei die Jungfrau, genau genommen, schon im Wallis liegt. Doch der Gipfelsturm erfolgt von der Berner Seite aus und zwar vorzugsweise mit der Jungfraujochbahn. Diese ist die teuerste Bahnstrecke der Schweiz und die ungewöhnlichste. Die Fahrt beginnt am Bahnhof Kleine Scheidegg. Fast immer warten ganze Scharen von Menschen auf den Zug, manche nutzen noch rasch die Chance, sich vor dem Bahnhofsgebäude mit einem Bernhardiner ablichten zu lassen. Man nimmt Platz in einer modernen Zahnradbahn, macht es sich in exklusiven Sitzen bequem und starrt auf große, beim Start noch dunkle Flachbildschirme an jedem Ausgang. Dann geht's los, hoch und immerhöher, heraus aus der Baumzone, hinein in die Region von Schotter, Fels und Eis. Mit 25% Steigung schiebt sich das Züglein mitten durch die Wand von Eiger und Mönch hindurch. Weil es im Tunnel nichts zu sehen gibt, wird auf den Bildschirmen kräftig die Werbetrommel gerührt für Sport und Fun in der Jungfrauregion, garniert mit einem Ausflug in die Geschichte der Jungfraubahn. Erbaut wurde sie nach jahrzehntelangen Vorplanungen zwischen 1896 und 1912. Die technischen Probleme waren beachtlich, die logistischen nicht minder: So mussten unter anderem für jeden der 300 Arbeiter täglich ein Liter Wein, für die Schweizer Kartoffeln und für die Italiener Makkaroni in ausreichender Menge herbeigeschafft werden, dazu ein Wintervorrat von 50000 Zigaretten, denn in der kalten Jahreszeit war die Arbeitersiedlung von der Außenwelt abgeschnitten. Das Ziel, bis hinauf auf die Spitze der Jungfrau zu bauen, konnte nicht verwirklicht werden. So steigt man heute auf dem Jungfraujoch aus. „Top of Europe" nennt sich der höchstgelegene Bahnhof in Europa. Hier bekommen manche Gäste die 3454 Höhenmeter deutlich zu spüren, ringen um Atem, kämpfen mit Schwindel und weichen Knien. Wer sich wohlfühlt, stürzt an die verglasten Fronten, blickt ins gleißende Weiß und auf die weltberühmte Silhouette von Eiger, Mönch und Jungfrau. Hängen die Wolken tief, lohnt der Ausflug nicht, dazu ist die Fahrt zu teuer und die Enttäuschung, endlich einmal ganz oben gewesen zu sein – und überhaupt nichts gesehen zu haben, viel zu groß.

ES KRACHT AM EIGER

Stein ist der Inbegriff des Beständigen, Ewigen, nur deshalb haben sich die alten Ägypter die Mühe gemacht, kolossale Steingräber in Pyramidenform zu erbauen, um hier für immer Ruhe zu finden. Auch die Berge scheinen ewig, sie sind es aber keineswegs. Die Alpen befinden sich in einem fortwährenden Prozess des Werdens und Vergehens. Eis, Sonne und Wind arbeiten Tag und Nacht an ihrem Zerfall, jetzt auch noch unterstützt von der Klimaerwärmung. Prominentestes Beispiel ist der 3970 m hohe Eiger. Unbezwinglich bis 1938 erschien seine Nordwand, 55 Alpinisten haben hier ihr Leben verloren. Heute bröckelt und kracht der Berg. Angefangen hatte es mit einem Spalt auf seiner Ostflanke, der täglich um bis zu 5 cm wuchs. Felsbrocken stürzten polternd zu Tal, bis am 13. Juli 2006 der ganz große Rutsch kam und fünf Millionen Tonnen Gestein in einer gewaltigen Staubwolke zu Tal donnerten.

SCHWEIZER KÄSE

Genuss aus dem Gärkeller

Emmentaler mit den großen Löchern ist bei weitem der bekannteste Schweizer Käse, aber nicht der einzige. Jeder Landesteil, ja sogar fast jedes Tal bietet regionale Spezialitäten.

Während der Reife im Gärkeller entsteht das typische Aroma des Käses.

Eine Reise durch die Schweiz ist die beste Gelegenheit, den Geheimnissen des Schweizer Käses auf die Spur zu kommen. Von Norden kommend stößt man auf den bekanntesten Vertreter, den Emmentaler. Er begründete den internationalen Ruhm des Schweizer Käses und setzte eines der großen Rätsel in die Welt – die Sache mit den Löchern: Sie werden durch Kohlensäure verursacht, die bei der Reifung im Inneren entsteht und Blasen erzeugt. Kein Käse bringt mehr auf die Waage: Bis zu 130 kg wiegen die mächtigen goldgelben Laibe aus dem Emmental. Weiter geht die Reise in die französische Schweiz. Hier ist der Gruyère zuhause, der sein würziges Aroma am besten bei Zimmertemperatur und sehr dünn geschnitten entfaltet. Am Beispiel des Tête de Moine, Spezialität des Berner Jura, lässt sich zeigen, wie das Auge in den Genuss miteinbezogen wird: Mit Hilfe der Girolle, einem im Kreis zu drehenden Hobel, nimmt man hauchfeine, sich zu rosettenartigen Gebilden ringelnde Schichten von diesem Käse ab. Sie sind sehr apart anzusehen und, weil so zart, erzeugen sie auf der Zunge ein besonders sinnliches Erlebnis.

GENUSS ZUM DAHINSCHMELZEN

Vom Genfer See rhoneaufwärts öffnet sich das Wallis, wo auf den Alpen (so nennt man die Almen hier) die ganz kleinen Käsereien produzieren. Im Wallis wurde das Raclette (von franz. racler = schaben) erfunden: Ein

Käsefondue ist eine ideale Möglichkeit, gemeinsam mit Freunden die Köstlichkeiten aus der Schweiz zu genießen.

Eine besondere Freude ist es, sich in gut sortierten Geschäften in die Welt des Käses einweihen zu lassen. Hier erhält man auch den idealen Fondue-Käse.

mächtiger Laib Bagnes oder Gomser wird aufgeschnitten und an einem Tischgrill erwärmt. Die geschmolzene Käseschicht wird abgestrichen und mit Pellkartoffeln und sauren Gürkchen serviert. Jede Region, fast jedes Tal hat seinen ureigensten (Alp-) Käse. Unter den schweizweit 400 Sorten sind auch solche aus Ziegen- und Schafsmilch, einst als exotisch belächelte Sorten, die mittlerweile immer mehr Liebhaber finden. Die Käsereise endet, wo sie begann: in der Nordschweiz, diesmal im Appenzeller Land. Der Appenzeller, ein scharfwürziger Käse, gehört zusammen mit dem Emmentaler zu den Exportschlagern des Schweizer Käses.

SCHAUKÄSEREIEN

Appenzeller Schaukäserei
Herstellung von Appenzeller Rohmilchkäse mit Hilfe modernster Maschinen; Fabrikverkauf, Restaurant
April–Okt. 8.30-18.30, im Winter bis 17.30 Uhr
9063 Stein AR, Tel. 071/368 50 70
www.schaukaeserei.ch

La Maison du Gruyère
Herstellung von Gruyère AOC, Ausstellung, Restaurant, Fabrikverkauf, Käsewanderpfad
Juni–Sept. 9.00–19.00, im Winter bis 18.00 Uhr
1663 Pringy-Gruyère (beim Bahnhof)
Tel. 026/921 84 00
www.lamaisondugruyere.ch

DAS WEISSE GOLD DER ALPEN

Doch warum spielt Käse so eine zentrale Rolle in der Schweiz? Es gibt viele Flächen, die für den Ackerbau nicht geeignet sind, doch Gras sprießt auch bis hinauf in höhere Lagen prächtig. Gras und Heu der Berge gilt als besonders würzig, was sich in der Qualität der Milch niederschlägt, die darum gerne als „Weißes Gold der Alpen" bezeichnet wird. Doch dieses Gold hält nicht lange und Käsen ist eine ideale Möglichkeit, die leicht verderbliche Milch zu konservieren. Die Hälfte der Milch, die die Schweizer Kühe geben, wird zu Käse verarbeitet. Pro 100 g Käse braucht man ca. 1 bis 1,2 Liter Milch, d.h. jede Kuh, die auf den Almen grast, liefert täglich den Rohstoff für etwa 2 Kilo Käse. Schon seit dem 15. Jahrhundert produzierten die Bauern im Emmental und Greyerzerland mehr Käse, als sie selber essen konnten, und mit dem Überschuss ließ sich gutes Geld verdienen. Rasch sprach sich der einzigartige Geschmack des Schweizer Käses herum, und das Geschäft der vielen kleinen Käsereien brummte.

Heute sieht die Sache etwas anders aus: Bereits ein Drittel des Käses wird in Großbetrieben hergestellt, zwei Drittel in traditionellen Dorfkäsereien. Viele von diesen überleben nur dank staatlicher Zuschüsse. Dieses Geld hilft einerseits, Arbeitsplätze zu erhalten, andererseits bewahrt es die enorme Vielfalt der Schweizer Käse.

Willkommen in der Heimat des berühmten Käses

Tägliches Schaukäsen: Erleben Sie die moderne und traditionelle Käseherstellung. Auf Voranmeldung können Sie selber Käsen und bei Führungen erfahren, wie die Löcher in den Emmentaler kommen. Verpflegung im Spezialitäten-Restaurant.

EMMENTALER SCHAUKÄSEREI

www.emmentaler-schaukaeserei.ch

Erleben Sie die herzhafte Vermählung von Tradition und Moderne unterhalb des wohl schönsten Aussichtspunktes im Emmental. Besondere Highlights: Gourmetküche, Themenzimmer, AVO-Lounge mit Whiskybar, Seminarräumlichkeiten, Vermietung von Flyer (Elektrofahrrad), Fitnessraum u.v.m.

www.lueg.ch

LUEG

Ein Ort zum aktiven Erleben, zum stillen Geniessen und zum Wohlfühlen. Ein Ort, wo Essen und Geniessen Freude macht, wo Tradition und Moderne sich die Hand reichen. Herzlich willkommen!

www.appenberg.ch

appenberg

Lassen Sie sich gastlich auf Händen tragen und geniessen Sie erholsamen Schlaf in den historischen Mauern des Bären Dürrenroth. Zum Abschied gibt's noch ein Stück Emmentaler von der Dorfkäserei – ohne Emmentaler geht's doch nicht!

www.baeren-duerrenroth.ch

BÄREN DÜRRENROTH

Ausflüge, Gastronomie und Unterkünfte unter www.emmental.ch

Tourist Office Emmental, Bahnhofstr. 44, CH-3401 Burgdorf, Tel. +41 34 402 42 52

St.Gallen
Herisau
Gossau
Appenzell
Vaduz
Chur
Rapperswil
Wetzikon
Uster
Dübendorf
ZÜRICH
Zug
Luzern
Schwyz
Altdorf
Sarnen
Kriens
Horw
Baar
Aarau
Olten
Zofingen
Solothurn
Grenchen
Delémont
Burgdorf
BERN
Ostermundigen
Köniz
Thun
Steffisburg
Interlaken
Glarus
Ilanz
Thusis
Andermatt
Airolo
Biasca
Chiavenna
Leuk
01
02
03
04
Maßstab 1:650.000

Der Schweiz ins Herz geschaut

Das Berner Oberland – eines der Traumziele der Alpen. Im Sommer erschließen kilometerlange Wanderwege das Gebiet um Eiger, Mönch und Jungfrau, kaum fällt Schnee, gehört die Welt den Wintersportlern. Als Perle des Vierwaldstätter Sees gilt Luzern. Die Gegend steht für eidgenössische Geschichte pur, erlebbar auf der Rütliwiese und im Bundesbriefmuseum Schwyz. Und Bern zählte sogar der wählerische Goethe zu den schönsten aller Städte.

01 BERN

Berthold von Zähringen traf eine ideale Wahl, als er 1191 die Stadt in einer Aareschleife gründete. Das bot nicht nur Schutz, sondern bescherte den Bernern zugleich eine Stadtansicht wie aus dem Bilderbuch. 1848 wurde Bern zur Hauptstadt der Schweiz gewählt, ist mit 125 000 Einwohnern aber nur viertgrößte Stadt der Schweiz.

Sehenswert

Seit 1983 zählt die **Altstadt** zum UNESCO-Weltkulturerbe. Die Gassen sind teils winzig und schmal, dann wieder ausladend wie Prachtstraßen, so die **Marktgasse**: Sie ist Fußgängerzone und wird zu beiden Seiten von Laubengängen gesäumt. Insgesamt 6 km Länge messen die Berner Arkaden. Berühmtestes Bauwerk ist der **Zytgloggeturm**, nicht hoch, aber kompakt und mit einer gewaltigen Uhr verziert. Seine Fundamente datieren ins 12. Jh., als er noch Westturm der Stadtbefestigung war. Mehrere Umbauten folgten, deren wichtigste Zutaten die Astronomische Uhr und das Glockenspiel (1530) bilden. Vier Minuten vor jeder vollen Stunde drehen sich hier Bär und Löwe im Kreis, während der Narr auf die Glocke schlägt. Das **Kornhaus**, 1718 erbaut, ist heute Kulturzentrum. Hoch über die Dächer der Altstadt reckt das spätgotische **Münster** seinen luftigen Turm ins Blau. Besonders sehenswert ist das Hauptportal mit einem Tympanon von Erhart Küng (1495), das das Jüngste Gericht zeigt. 26 Fontänen spritzen auf dem **Bundesplatz** senkrecht in die Höhe. Und weil sie ebenerdig in den Boden eingebaut sind, ist das Ganze eine tolle Gaudi für Kinder. Das **Bundeshaus** ist Sitz der Regierung und des Parlaments (Führungen Mo.–Sa. tgl. um 9.00, 10.00, 11.00, 14.00 15.00, 16.00, bei Bedarf Do. zusätzl. 17.00, 18.00, 19.00 Uhr, Zutritt nur mit Ausweis). Das Wappentier der Stadt hat seit 2009 ein neues Gehege erhalten und die Stadt eine neue Attraktion: Direkt am Aareufer tummeln sich die Bären nun in einem weitläufigen **Bärenpark** (ganzjährig rund um die Uhr zugänglich).

Hotel

Innere Enge, ein angenehmes Hotel in einem historischen Gasthaus, bietet neben Schlafkomfort von September bis Mai zwei Mal wöchentlich Livemusik in der Jazzbar Marianos (Engestrasse 54, Tel. 031/309 61 11, www.innere-enge.ch).

Museen

Albert Einstein (1879–1955) wohnte von 1903 bis 1905 in der Kramgasse Nr. 49 (heute **Einstein-Gedenkstätte**). Tagsüber beackerte er im Berner Patentamt Anträge, aber in seiner Freizeit stellte er die klassische Physik auf den Kopf und fand die spezielle Relativitätstheorie, die besagt, dass Raum und Zeit untrennbar verknüpft sind. Im **Historischen Museum Bern** wird der große Physiker und Nobelpreisträger mit Filmen und umfassenden Informationen zu Leben und Werk gewürdigt. Das Museum präsentiert auch den Berner Silberschatz (Di. bis So. 10.00–17.00 Uhr). Jenseits der Aare liegt das **Naturhistorische Museum** (Mo. 14.00 bis 17.00, Di.–Fr. 9.00–17.00, Mi. bis 18.00, Sa., So. 10.00–17.00 Uhr). Es stellt u.a. den berühmtesten Rettungshund der Welt aus, Barry, den Bernhardiner, heute ausgestopft. Beeindruckend ist das **Zentrum Paul Klee** am Ostring schon von außen: den wellenförmigen Bau hat Renzo Piano entworfen (Di.–So. 10.00–17.00 Uhr, www.zpk.org).

Tipp

Betörender Duft

Wahrzeichen von Spiez, einem sympathischen Ort zwischen Thun und Interlaken, ist sein Schloss. Es erhebt sich gut sichtbar auf einer Anhöhe über dem Thuner See. Unterhalb des Schlosses auf dem Weg zum Hafen stößt man auf ein verborgenes Rosengärtlein, in dem die Königin der Blumen in etlichen Spielarten blüht. Zum Teil sind die Rosenstöcke viele Jahrzehnte alt! Es lohnt auch, einen Blick in die frühromanische Schlosskirche zu werfen.

Veranstaltungen

Berühmtestes Fest der Hauptstadt ist der **Zibelemärit** (4. Montag im November), ein Markt rund um die Zwiebel. Besonders schön kommt die Altstadt jedes Jahr beim **Weihnachtsmarkt** zur Geltung. Den Auftakt der Fasnacht bildet das **„Ychüblete"**, wenn der Berner Bär am Donnerstag aus dem Winterschlaf geweckt wird – und dann ist der Bär auch wirklich los.

Umgebung

Beim Stichwort **Emmental** (20 km östlich von Bern, Talanfang ist in Burgdorf) denken viele an das gleichnamige Flaggschiff unter den Schweizer Käsesorten. Unter mangelnden Einfällen haben die Emmentäler nicht zu leiden: Vom Lamatrekking über Goldwaschen, Fahrrad fahren und Schiffstouren werden für die Gäste alle Register gezogen, auch für Kinder. Weil die Region nicht so sehr überlaufen ist, findet man hier eher als anderswo die Schweiz seiner Träume (www.emmental.ch). Das unterstützen die Emmentaler Bauernhäuser, deren ausladende Walmdächer, die reichen Schnitzereien und der Blumenschmuck anheimelnde Gemütlichkeit verbreiten.

Information

Bern Tourismus
Im Bahnhof, 3011 Bern
Tel. 031/328 12 12, www.berninfo.com

02 THUN

Thun (43 000 Einw.) ist mit der einzigartigen Komposition aus See und Alpenpanorama gesegnet. Das Städtchen zieht sich vom Ufer des Thuner Sees steil einen Hang hinauf.

Sehenswert

Auf einem Sporn über der Aaremündung thront das markante **Schloss** Thun, 1191 angelegt und mehrfach renoviert. Seine Räume werden vom Historischen Museum genutzt. Sehr authentisch wirkt der Rittersaal mit allerlei brachialen Waffen (tgl. Feb.–März 13.00–16.00, April–Okt. 10.00–17.00, Nov.–Jan. nur So. 13.00–16.00 Uhr). Im Ortsteil Scherzlingen lohnt für alle am Kochen Interessierten ein Besuch des **Schweizerischen Gastronomie-Museums** im Schloss Schadau. Es zeigt neben Küchenutensilien aller Art auch Kochbücher und wunderschön gestaltete Speisekarten (Di.–Do. 14.00–17.00 Uhr).

Ausflüge

Gemütlich schippert zweimal tgl. außer montags **Raddampfer** „Blümlisalp" über den Thuner See und stoppt an mehreren Häfen zwischen Thun und Interlaken.

Infos

Information
Thun Tourismus-Organisation
Bahnhof, 3600 Thun
Tel. 033/225 90 00, www.thuntourismus.ch

03 INTERLAKEN

Die Stadt (5500 Einw.) liegt, wie ihr Name sagt, „inter lacus", also eingekeilt zwischen zwei Seen (Thuner und Brienzer See) und ist ein bekannter Wintersportort. Bergsteiger und Ausflügler starten von hier über Lauterbrunnen oder Grindelwald und die Kleine Scheidegg hinauf aufs Jungfraujoch.

Sehenswert
Ein Lob für die weitsichtigen Städteplaner: Mitten im Ort liegt noch immer unbebaut die 14 ha große **Höhematte**, eine Wiese, an deren Rand der Höhenweg entlangführt und einen überwältigenden Blick auf das Jungfraumassiv freigibt. Ganz in der Nähe hat der **Kurpavillon** mit Casino seinen Sitz. Bergsteiger können sich im **Touristikmuseum** der Jungfrauregion über das Ziel ihrer Gipfelträume informieren (Mai bis Okt. Di.–So. 14.00–17.00 Uhr).

Veranstaltungen
Nur alle zwölf Jahre wird eines der kuriosesten Feste Europas begangen: das Unspunnenfest. Das nächste Mal werden 2017 wieder rotgesichtige Männer mit kräftigen Muskeln antreten, um einen 80 kg schweren Stein mit lautem Gebrüll so weit wie möglich zu werfen. Ein Fest aus grauer Vorzeit ist es aber nicht: 1805 fand das erste Unspunnenfest statt.

Tipp

Im Schatten der Jungfrau

Die Fahrzeuge im Jungfraubahn-Verbund bringen ihre Gäste zu den Ausgangspunkten von 76 gut beschilderten Touren – eine schöner als die andere. Ein Teil der Wege sind gemütliche Wanderwege, andere reine Bergwege, die gutes Schuhwerk, wetterfeste Kleidung und Bergtüchtigkeit nötig machen. Startpunkte sind: Kleine und Große Scheidegg, natürlich auch Grindelwald, Lauterbrunnen und Wengen. Karten halten die Bahnhöfe der Region bereit. Wer im Besitz des Jungfraubahnen-Passes ist, darf sechs Tage lang nach Lust und Laune die wichtigsten Streckennetze der Region benutzen, nur die Fahrt aufs Jungfraujoch ist nicht inklusive.

Das malerische Luzern steht bei Gästen aus Asien und USA in besonders hoher Gunst.

Restaurant
Das Drehrestaurant **Piz Gloria** bietet fantastische 360° Rundum-Aussicht auf dem Schilthorn (2970 m), von wo aus einst (1969) James Bond die Welt rettete (Tel. 033/826 00 07, www.schilthorn.ch).

Umgebung
Größter Touristenort der Jungfrauregion ist **Grindelwald** (20 km südlich von Interlaken). Mit der 6,2 km langen Gondelbahn entschwebt man dem irdischen Gewühl. Ab Grindelwald fährt sie zur Bergstation Männlichen auf 2225 m Höhe, von da aus stehen noch 20 Min. Fußmarsch nach First an. Die drei Riesen, **Eiger** (3970 m), **Mönch** (4099 m) und **Jungfrau** (4158 m) ▶**TOPZIEL** liegen zum Greifen nahe. **Wengen** (15 km südl.) hat den Vorteil, autofrei zu sein. Das benachbarte **Lauterbrunnen** hingegen nennt die berühmten Staubbachfälle und weitere 71 gischtsprühende Wasserfälle sein eigen. Weil die ganze Region überwiegend vom Tourismus lebt, ist sie hervorragend erschlossen, sowohl was Wander- und Themenwege, Skipisten, Zubringer anbelangt als auch vom umfassenden Angebot an Unterkünften und Restaurants (www.myjungfrau.ch und www.grindelwald.ch). Vom Schilthorn hinunter nach Grindelwald findet die berühmt-berüchtigte Inferno-Wahnsinns-Skiabfahrt auf einer Strecke von 15,8 km statt.

Information
Interlaken Tourismus
Höheweg 37, 3800 Interlaken
Tel. 033/826 53 00
www.interlaken.ch

04 LUZERN

Luzern (60 000 Einw.) zählt zu den meistbesuchten Städten der Welt. Stadtführungen auf deutsch und englisch sind selbstverständlich, viele Läden haben donnerstags und freitags bis 21 Uhr geöffnet und bieten auch Überseeversand. Die größte Binnenschifferflotte Europas transportiert die Gäste über den Vierwaldstätter See. Alles wirkt professionell und ausgefeilt, nur während der Fasnet schlagen die Luzerner über die Stränge, dann aber richtig.

Sehenswert
Die pittoreske ▶**TOPZIEL** **Altstadt** macht Luzern zu so etwas Besonderem. Wahrzeichen der Stadt ist die 1333 erbaute **Kapellbrücke**, auch wenn ihr eigentlicher Wert mit dem Brand 1993 in Rauch aufging. Im 17. Jh. wurde ihr Giebel mit 111 Bildern ausgeschmückt. Die Brücke führt vorbei am **Wasserturm**, einst Wachturm und Gefängnis, achteckig und um 1300 erbaut. Wie reich Luzern als einst wichtigster Handelsplatz der Zentralschweiz war, bezeugen die prächtigen Häuser entlang der Reuss aus Spätmittelalter, Renaissance und Barock. Interessantester Bau ist das **Rathaus**, erbaut 1604, das der mittelalterliche Rathausturm keck überragt. Nördlich stößt man auf Teile der mittelalterlichen Stadtmauer, der Museggmauer. Den eigenwilligen Bau des **Kultur- und Kongresszentrums** hat der französische Architekt Jean Nouvel entworfen.

Museen
Das **Historische Museum** stellt u. a. Arbeiten aus den Luzerner Glaswerkstätten aus (Di.–So.

10.00–17.00 Uhr). Setzt man den Weg der Reuss entlang fort, passiert man die **Jesuitenkirche** (prächtiger Rokoko-Hochaltar) und erreicht die **Sammlung Rosengart**: Die Werke von Picasso, Klee und französischen Expressionisten begründeten den Weltruf dieses Museums (April–Okt. tgl. 10.00–18.00, Nov.–März tgl. 11.00–17.00 Uhr). Im **Verkehrshaus der Schweiz** werden sämtliche Schweizer Schienenfahrzeuge vorgestellt. Man erfährt, wie Seilbahnen funktionieren und wie die Flugsicherung Skyguide arbeitet (tgl. 10.00–18.00, im Winter bis 17.00 Uhr, www.verkehrshaus.ch). Wallfahrtsort aller Wagnerianer ist Tribschen, das **Landhaus Richard Wagners** (März–Nov. Di.–So. 10.00–12.00, 14.00–17.00 Uhr).

Hotel

Perfekt eingerichtetes Hotel mit Traumaussicht, die sich von der Terrasse aus besonders gut genießen lässt: das **Art Deco Hotel Montana** (DZ ab 330 CHF, Adligenswilerstrasse 22, Tel. 041/419 00 00, www.hotel-montana.ch).

Umgebung

Um Vierwaldstätter- und Urner See ranken sich zahllose Legenden. Am Nordende des **Urner Sees** (33 km östl.) befindet sich die Rütliwiese, historisch unverbriefter Schauplatz des Rütlischwurs der Eidgenossen. Gegenüber am anderen Seeufer thront die Tellskapelle. Am Südende liegt **Altdorf**, Schauplatz des legendären Apfelschusses. In **Küssnacht** am Nordende des **Vierwaldstätter Sees** findet man die Hohle Gasse, wo der böse Landvogt Gessler sein Ende gefunden haben soll. Schwyz (östlich des Vierwaldstätter Sees) hat der Schweiz den Namen gegeben. Und welche Stadt sollte besser geeignet sein, um den Bundesbrief aufzubewahren? Im Bundesbriefmuseum liegt diese 1291 verfasste Gründungsurkunde der Eidgenossenschaft hinter Panzerglas und will in würdiger Haltung betrachtet sein (Mai–Okt. Di.–Fr. 9.00–11.30, 13.30–17.00, Sa., So. 9.00–17.00, Nov.–April ab 13.30 Uhr). In **Göschenen** (66 km südl.) wurde das Göschenertal 2010 um eine Attraktion reicher: Hier steht nun die höchste alpine Hängebrücke Europas (Toureninfos www.albitbruecke.ch). Eine süße Spezialität, die Zuger Kirschtorte, hat das idyllische **Zug** (31 km nördlich von Luzern) berühmt gemacht. Kunsthaus Zug zeigt neben lokaler Schweizer Kunst berühmte Vertreter der österreichischen Moderne, darunter Klimt und der frühe Kokoschka (Di.–Fr. 12.00–18.00, Sa., So. 10.00 bis 17.00 Uhr).

Information

Luzern Tourismus AG
Zentralstrasse 5, 6002 Luzern
Tel. 041/227 17 17, www.luzern.com

DuMont Aktiv

Die Goldene Rundfahrt

Viele herrliche Bergtouren führen auf den Pilatus hinauf. Doch man kann es sich auch so richtig gemütlich machen und sich an den modernen Verkehrsmitteln freuen: Pilatus, Vierwaldstätter See und Luzern lassen sich mit Schiff, Zahnradbahn, Seilbahn und Bus auf der sogenannten Goldenen Rundfahrt erkunden.

Der Tagesausflug beginnt in Luzern. Von dort schippert das Schiff gemütlich über den Vierwaldstätter See und erreicht nach ungefähr 90 Minuten Alpnachstad. Dort steht der Gipfelsturm auf den Pilatus an, den eindrucksvollsten Berg der Zentralschweiz. Nicht zu Fuß, sondern mit der steilsten Zahnradbahn der Welt (Steigung 48 %). Allein diese 40-minütige Fahrt ist schon ein Erlebnis. Haarscharf gleitet die Bahn an schroffen Felswänden vorbei immer aufwärts.

Die steilste Zahnradbahn der Welt

BERÜHMTE AUSSICHT

Auf dem Pilatus-Kulm in 2132 m Höhe genießt man eine grandiose Aussicht über den Vierwaldstätter See und einzigartigen Alpenblick. Das Restaurant bietet sich für eine längere Pause an. Anschließend bringt eine Seilbahn die Gäste in 30 Minuten hinab nach Kriens. Von dort geht es zurück mit dem Bus Linie 1 nach Luzern, was nur 15 Min. dauert. Tipp für die Hochsaison: Bei schönem Wetter herrscht in Alpnachstad an der Zahnrad-Talstation oft Riesenandrang mit entsprechenden Wartezeiten. Dann kehrt man die Tour um und fährt von Kriens aus mit der Seilbahn auf den Pilatus hinauf und mit der Zahnradbahn wieder herab.

WEITERE INFORMATIONEN

- **Tourlänge**
Tagestour

- **beste Reisezeit**
Mai bis Oktober, denn nur dann fahren auch Schiff und Zahnradbahn

- **Kosten (Stand 2010):**
Erwachsene 91,80 CHF, Kinder 46,90 CHF (Schiff 2. Klasse)
Erwachsene 104,80 CHF, Kinder 53, 40 CHF (Schiff 1. Klasse)
- **Fahrplanauskünfte:**
www.pilatus.ch oder
Tel. 041/329 11 11

Im Land der Steinböcke

In Graubünden entspringen die beiden Quellströme des Rheins und schlagen sogleich eine breite Schneise ins Gebirge. Nur noch wenige Bündner sprechen fließend Rätoromanisch, doch der uralte Willkommensgruß „Allegra" ist in aller Munde. Künstler schätzten schon immer die besondere Stimmung des Engadin, Badeorte wie Scuol und Vals tun Leib und Seele gut. Im Süden weht durch die ausgedehnten Kastanienwälder des Bergells schon der warme Wind Italiens.

Die Graubündner Bergwelt verlangte Ingenieuren Meisterleistungen ab, etwa beim Bau der Berninabahn.

Der Flüelapass (2383 m) liegt zwischen Schwarzhorn und Weißhorn und führt von Davos nach Susch im Unterengadin.

Der Steinbock, Wahrzeichen Graubündens: In freier Wildbahn ist er selten zu sehen und dringt in Höhenlagen bis 3500 m vor. Die Hörner der Böcke können einen Meter lang werden.

Der Steinbock ziert als Wappentier Graubündens nahezu jede Tüte, jede Fahne und jedes Schaufenster.

Graubünden ist der größte Kanton der Schweiz und zählt Jahr für Jahr die meisten Gäste. Große Namen wie Piz Palü, Via Mala, St. Moritz und Davos gehören hierher, im Engadin glaubte sich sogar ein Friedrich Nietzsche im Himmel auf Erden, und das sonnenmilde Bergell ist sowieso ein kleines Paradies. In Graubünden arbeiten noch Kristallsucher, Strahler genannt, in den Bergen, hier macht der internationale Jet-Set Winterurlaub, hier wird der spektakulärste Eisenbahntunnel der Welt gegraben – doch ihre Steinböcke, die haben die Bündner den Italienern geklaut.

ITALIENISCHE BEUTE

Unweit der behäbigen Bischofsstadt Chur schraubt sich ein winziges Sträßchen in die Bergflanke. Oben liegt Wergenstein, wo rührige Jäger und Naturfreunde ein Zentrum zu Ehren des Alpensteinbocks aufbauen. Das Tier mit den mächtigen sichelförmigen Hörnern ziert als Wappenzeichen Graubündens nahezu jede Tüte, jede Fahne und jedes Schaufenster. Im Wergensteiner Steinbockzentrum steht ein rätselhaftes Objekt in der Ecke, eine Art Riesenkäfig aus Weiden geflochten. Er erinnert an einen Zwist auf höchster Ebene: Weil die Bündner ihre Steinböcke ausgerottet hatten, erbaten sie sich zwecks Wiederansiedlung ein paar Tiere vom italienischen König Vittorio Emanuele III. – und erhielten eine Abfuhr. Keine Böcke für Graubünden! Das saß. So bezahlten die Bündner italienische Wilderer, die 1906 mehrere neugeborene Kitze im Aosta-Tal einfingen und in einer Nacht- und Nebelaktion in die Schweiz brachten. Das Diebesgut vermehrte sich munter, zählt schweizweit rund 14000 Exemplare und wird heute voll Stolz den Gästen vorgeführt. In den baumlosen Felsen am Carnusapass bei Wergenstein sieht man mit Glück die Böcke kämpfen: Sie gehen bedächtig aufeinander zu, machen Männchen und donnern mit einem dumpfen „Klock" ihre Gehörne aneinander. Dann stehen beide Kandidaten etwas belämmert da und wiederholen in aller Ruhe das Ganze. Übrigens: 2006, also genau 100 Jahre schlechten Gewissens später, haben die Bündner 40 Steinböcke an Italien zurückgegeben.

DAS ENDE EINES TRAUMES

Als die Planungen für die Alpentransversale mit Gotthardbasistunnel Gestalt annahmen (siehe S. 64/65), war den Verantwortlichen in Graubünden eine gigantische Idee gekommen, die die strukturschwache Surselva mit einem Schlag zum Naherholungsgebiet von Zürich und Mailand, ja sogar zum

So wohnen Kühe bei Arosa. Der rund 15 km Luftlinie von Chur entfernte Ort liegt in einer Talmulde auf 1775 m Höhe und ist von Bergen umgeben.

Seit 1493 wacht das Bergkirchlein oberhalb von Arosa über die Stadt.

Blick auf den Berninapass

Wenn sich im Herbst die Lärchen goldgelb färben, beginnt die schönste Zeit am Silser See.

Special KRISTALLE

Schatzsucher der Berge

In Sedrun begegnen wir Rino Venzin, einem der 30 „Strahler“ im Tal, das sind Menschen, die das Aufspüren von Kristallen zu ihrem Beruf gemacht haben. Schon als Kind ist er mit seinem Paten in die Berge gegangen und hat von ihm gelernt, wie man die Zeichen im Fels liest, Klüfte aufspürt und mit Hammer und Meißel funkelnde Schönheiten birgt. Viele Lachfalten spielen um seine Augen, wenn er unseren Fragen nach den besten Fundplätzen elegant ausweicht. Die größten Kristallstufen hat aber nicht Menschenkraft, sondern der Bau des Gotthardbasistunnels aus einer Tiefe ans Licht gebracht, wo noch nie ein Mensch auf Kristalljagd ging. Mehrere Kilo schwere Stufen, die der Bagger in Minutenschnelle ans Licht befördert, kosten den Strahler viele Monate harte, lebensgefährliche Arbeit.

Brennpunkt des alpinen Tourismus machen könnte: Warum die in Sedrun geplante unterirdische Ausweichstelle nicht gleich zu einem richtigen Bahnhof ausbauen, zu einer „Porta Alpina“? Der ganze Kanton träumte von architektonischen Sensationen, vom höchsten Lift der Welt, der die Skifahrer vom 800 m tief gelegenen Bahnhof direkt auf die Piste bringen würde. Liftbetreiber, Gastronomen und Hoteliers denken an 56 000 Touristen – pro Tag! Da erschienen doch Kosten in Höhe von 38 Millionen Franken wie ein Spottpreis. Doch 2007 schob der Bundesrat eine endgültige Entscheidung bis 2012 auf. Das hätte aber eine Bauverzögerung und weitere Kostensteigerungen nach sich gezogen. Zu riskant, entschieden der Kanton und die betroffenen Gemeinden und erklärten den Ausstieg aus dem Projekt. Die vier unterirdischen Wartehallen für 15,8 Millionen Franken sind jedoch bereits gebaut – und so hoffen manche, dass die Porta Alpina nicht für immer begraben werden muss.

DER „SCHLECHTE WEG“

Jahrhunderte lang bildeten die Alpen eine Barriere für Wanderer, Händler und Missionare auf dem Weg von Süd nach Nord und umgekehrt. Nur die Täler von Rhein und Rhone schufen natürliche Schneisen im Gebirge, und über die Pässe schleppten die Lastenträger Waren gegen gutes Entgelt. Die Pässe selbst wirken heute wenig attraktiv: Man ist zwar oben, sieht aber auf diesen Sätteln von den Bergen oftmals wenig. Kioske, Pommesbuden und große Parkplätze reizen auch nicht zum Verweilen. Was die Säumer und ihre Maultiere einst mitgemacht haben müssen, zeigt die 6 km lange Via Mala, die eine Abkürzung auf dem Weg zu den Pässen Splügen und San Bernardino bildete.
Wer den „Schlechten Weg“ besuchen will, um den sich tausend Unglücksgeschichten ranken, muss bei Rongellen abzweigen und dann den Hinweisschildern folgen. 371 Treppen führen in die 300 m tiefe Klamm. Beim Blick in die Tiefe packt einen noch heute ein mulmiges Gefühl. Der alte, entsetzlich schmale Säumerpfad drückt sich an der Felswand über dem gurgelnden Hinterrhein entlang. Ein Fehltritt – Mensch, Tier und Ladung wären verloren. Brücken und Tunnel führen die Straße heute oberhalb der Via Mala vorbei und ihr düsterer Bann ist endlich gebrochen.

LUXUS IM CHAMPAGNERSCHNEE

Friedrich Nietzsche könnte als der wetterfühligste Philosoph in die Geschichte eingehen. Gequält von der Nässe und Kälte Basels fand er im warmen Klima

Nur 40 Kilometer und doch Welten trennen das ruhige Soglio (oben) vom Trubel in St. Moritz.

Ein Blick in die Innenstadt von St. Moritz

Typisch für Engadiner Häuser sind Sgraffiti, Verzierungen im Kalkputz, wie hier in Ardez.

Skyline und See von St. Moritz, dem mondänsten Ort des Engadins

des Engadin Linderung von seelischen wie körperlichen Qualen. Nietschze liebte die Widersprüchlichkeiten dieser Schweizer Region: warm wie in Italien, wenn der Wind von Süden kam, oder arktisch kalt, dazu die januskköpfige Landschaft, mal lieblich und anschmiegsam, dann wieder schroff und hart. „Hier sass ich wartend, – doch auf Nichts, jenseits von Gut und Böse...“ heißt es in dem Gedicht „Sils Maria“. In diesem Ort am Silsers See hatte er sich niedergelassen, nachdem er an St. Moritz verzweifelt war: Lärm und Trubel vertrieben ihn 1881 aus einem Ort, in dem es 30 Jahre zuvor nicht einmal ein Hotel gegeben hatte. Das wurde erst 1855 von Johannes Badrutt eröffnet, der sich als gewitzter Geschäftsmann erwies: Weil in St. Moritz bis dato nur im Sommer die Kasse klingelte, wettete er 1864 mit seinen englischen Gästen, dass sie auch im Winter hier sagenhaft Urlaub machen könnten. Die kamen, staunten – und blieben bis Ostern. Weil die Engländer bei dieser Gelegenheit auch das Skifahren entdeckten, gilt Badrutt als „Erfinder des Wintersports“. St. Moritz entwickelte sich zum nobelsten Skiort der Alpen und Badrutts „Palace“ blieb bis heute das erste Haus am Platze. Längst ist der Charme des Bergdorfs in achtstöckigen Hotelanlagen untergegangen, doch das stört die Reichen und Schönen nicht, die sich ein Stelldichein im Champagnerschnee von „Moritz“ geben. Geldadel und Stars reisen mit dem Privatjet an, auf dem Corviglia, dem Hausberg von St. Moritz, ersetzt Pommery den Jagertee, und wenn

„Hier saß ich wartend ... jenseits von Gut und Böse.“

die Engadiner Seen zugefroren sind, wird auf ihnen Polo gespielt. Ach ja, Skifahren kann man auch und das sogar ausgezeichnet: Die Pisten von Corviglia, Corvatsch, Diavolezza und Lagalb zählen zu den besten der Welt.

Szenen aus Graubünden: Nichts geht verloren bei der Kastanienernte in Soglio. Ein Bär ziert den Dorfbrunnen in Zuoz, wo sich ein Hirtenbub die Zeit vertreibt. Berühmt für seine romanischen Fresken: St. Johann in Müstair.

Der Morteratschgletscher dehnt sich zwischen Piz Palü und Piz Bernina aus.

Maroni bilden den Reichtum des Bergell. Hier wächst der größte Esskastanienwald Europas.

SCHWELLE ZUM PARADIES

Von St. Moritz aus führt die Straße an den Engadiner Seen vorbei, blaue Teller aus Licht, in denen sich die weißen Berggipfel spiegeln. Am Maloja-Pass ändert sich das Bild: die Berge rücken enger zusammen, 1500 m überwindet die Straße auf nur 30 km und wirft sich sodann Italien in die Arme. Wer jetzt Gas gibt, ist in einer Stunde in Mailand. Ein Fehler, den die meisten begehen, denn sie verpassen dadurch das Bergell (italienisch Val Bregalia). In der Talschlucht rauscht die Meira, im kleinen Stampa wuchs die Künstlerfamilie Giacometti auf. Hoch oben auf einer Terrasse im Hang klebt Soglio, vom italienischen Maler Giovanni Segantini als „Schwelle zum Paradies" gerühmt.

KASTANIEN IM BERGELL

In Soglio lebte Rainer Maria Rilke einen Sommer lang im Jahre 1919 im Palazzo Salis, das noch heute als Hotel dient. Das Dorf ist ein kunstvolles Gefüge aus grauschwarzem Granit, die niedrigen Häuser gehen nahtlos über in die Pflasterstraßen und die Mauern stehen dicht an dicht. Alle Autos parken außerhalb. Im Waschhaus besorgen die Frauen noch immer ihre Wäsche und hängen sie zum Trocknen in den warmen Wind, der aus Italien strömt. Im Herbst trägt der Wind einen besonderen Duft in jedes Haus, den Geruch von Räucherfeuern und gerösteten Nüssen. Der weht aus den „Cascine" heran, zweistöckigen Dörrhütten, in denen Maroni getrocknet werden. Sie bilden den Reichtum des Bergell, dehnt sich doch zwischen Soglio und Castasegna unten im Tal der größte Esskastanienwald Europas aus. Im Herbst, wenn die Kastanien sich aus ihrer Stachelhülle lösen und ins hohe Gras fallen, sammeln die Bergbauern die glänzenden Früchte auf. Vier bis sechs Wochen werden sie gedörrt, dann kann durch Dreschen ihre Schale entfernt werden. Einst bildeten die Maroni das Grundnahrungsmittel im Bergell. Aus ihrem aromatischen Mehl wurden Brot, Püree, Nudeln, Gnocchi und Kuchen zubereitet, die Frauen kochten Maronenmus, Polenta oder Kastaniensuppe. Eine Zeitlang waren die Kastanien ernsthaft bedroht: Besseres Auskommen lässt sich im Engadin und Mailand finden und die verwaisten Kastanien verkümmerten, weil die Pflege fehlte. Seit den 1980er-Jahren schneiden engagierte Bergeller die Bäume wieder aus und pflanzen junge nach. So markiert immer noch Jahr für Jahr der Geruch der Dörrfeuer das Ende des Sommers.

GOTTHARDBASISTUNNEL

Unten durch

Dem ungehinderten Verkehr standen die Alpen immer massiv im Weg. Doch das wird sich ändern, denn eine neue Transversale unterquert bald die Schweizer Berge. Kernstück ist der Gotthardbasistunnel.

Seit 1996 graben die Schweizer durch ihre Berge und treiben zwei Röhren mit je 57 km durch die Zentralalpen, den Gotthardbasistunnel. Noch nie wurde so ein langer Tunnel gebaut – und noch nie ein so tiefer: Bis zu 2500 Meter Felsgestein lasten auf den Röhren, unter Tage herrschen Temperaturen von rund 45 Grad. Mit dem Ausbruchmaterial von 14 Millionen Kubikmeter könnte man die große Cheopspyramide gleich fünfmal bauen.

Hier gräbt die Weltelite der Tunnelingenieure mit zwei 300 m langen Mega-Bohrmaschinen, man hat 2600 Bergarbeiter aus halb Europa und aus den südafrikanischen Diamantminen angeheuert und geht den Alpen an fünf Stellen gleichzeitig an den Leib: Das Nordportal befindet sich in Erstfeld, die Südpforte in Bodio, drei „Zwischenangriffe“ erfolgen in Sedrun, Amsteg und Faido. Diese dienen dazu, die Bauzeit zu verkürzen. In Amsteg und Faido bohren sich die Tunnelbauer schräg ins Gebirge bis auf die geplante Tunnelsohle, in Sedrun jedoch müssen sie senkrecht in den Berg einfahren.

FREIE FAHRT VON NORD NACH SÜD

Der Gotthardbasistunnel ist Teil der Neuen Eisenbahn-Transversale, kurz NEAT oder Alp Transit genannt, zu der auch der Lötschbergtunnel und der Ceneritunnel gehören. Die Transversale soll die Schweizer Straßen dauerhaft vom Nord-Süd-Verkehr der LKWs entlasten, der in unerträglicher Weise zugenommen hat. Wenn der Gotthardbasistunnel Ende 2017 fertig ist, wird er eine der Hauptschlagadern im europäischen Nord-Süd-Verkehr bilden. Statt sich wie bislang über den Alpenhauptkamm zu quälen, werden die Personenzüge auf topfebener Strecke mit bis zu 250 km/h unter den Alpen durchpreschen. Die Fahrtzeit zwischen Zürich und Mailand wird um eine Stunde auf 2 Std. 40 Min. verkürzt. Güterzüge können, weil die Steigungen wegfallen, doppelt so viel Last transportieren.

KOSTEN EXPLODIEREN

Schon in den 1960er-Jahren war das Schienenprojekt erstmals im Gespräch. Doch es dauerte bis in die 90er-Jahre, bis alle Hürden genommen waren. Eine davon betraf die immensen Baukosten, derentwegen nur eine abgespeckte Version des ursprünglichen Planes umgesetzt wird.

Doch während sich die Mineure durchs Gebein der Berge wühlten, raufen sich oberirdisch die Finanzfachleute die Haare. Steigende Baukosten, abnehmende Ertragserwartungen begleiten die Baufortschritte. Rund 20 Milliarden Franken lassen sich die Schweizer diese Eisenbahnstrecke kosten, hiervon schluckt der Gotthardbasistunnel 9,8 Milliarden, der Ceneritunnel 2,4 Milliarden Franken. Wie hoch die Rechnung letztlich wirklich ausfällt, steht erst nach Abschluss der Arbeiten fest. Dem Baustellentourismus tut das keinen Abbruch: Diese technische Meisterleistung ruft ungebrochene Bewunderung hervor.

INFOZENTREN DER NEAT

Sedrun: *tgl. außer Di. 10.00–12.00 u. 14.00–18.00 Uhr*
Erstfeld: *Di.–Sa. 9.00–17.00 Uhr, März–Okt. auch So.*
Pollegio: *tgl. außer Mo. 9.00–18.00 Uhr*
Baustellenbesichtigungen *und Schachteinfahrten nach 12-monatiger Voranmeldung unter Tel. 041/226 06 06 oder* ***www.alptransit.ch***

01
02
03
04
Rapperswil
Zug
Schwyz
Altdorf
Glarus
Vaduz
Bludenz
Chur
Davos
Ilanz
Thusis
St. Moritz
Sondrio
Morbegno
Bellinzona
Locarno
Ascona
Maßstab 1:650.000
10km

Beiderseits der Via Mala

Mit Naturschönheiten ist Graubünden reichlich gesegnet: zu den Highlights zählen Rheintalschlucht, Via Mala und die Oberengadiner Seen. Die größten Museen befinden sich in Chur, klein, aber fein präsentieren sich Kirchner-Museum in Davos und Nietzsche-Haus in Sils-Maria. Die Reichen und Schönen treffen sich in St. Moritz, Scuol steht für Entspannung und Wellness.

01 DISENTIS

Blickfang von Disentis (romanisch Mustér, 2000 Einw.) ist das riesige Barockkloster, unter dem sich die Stadt wegduckt. Die Benediktinerabtei zeigt, wie einträglich die Lage an der Kreuzung der Straßen zum Lukmanier- und Oberalppass einst gewesen sein muss.

Sehenswert

Gegründet wurde die **Abtei** um 720 vom heiligen Sigisbert, 940 brandschatzten sie die Sarazenen. Was heute zu sehen ist, entstand im 17. Jh., die Internatsgebäude im 19. und 20. Jh. Die Abteikirche St. Martin (erbaut 1695–1712) entwarf Kaspar Moosbrugger. Sie gilt als eine der schönsten Kirchen Graubündens. Über Klosterschatz und Baugeschichte informiert das Klostermuseum (Juni–Okt. Di., Do., Sa. 14.00–17.00 Uhr, Weihnachten bis Ostern nur Mi.).

Umgebung

11 km westlich von Disentis liegt **Sedrun**. Das Städtchen bietet Gelegenheit, sich über den in Bau befindlichen Gotthard-Basistunnel zu informieren (Infozentrum der NEAT am Mittelstollen in Sedrun, tgl. außer Di. 10.00–12.00 u. 14.00–18.00 Uhr). Dank seiner sehenswerten Mineraliensammlung ist das Dorfmuseum La Truaisch mehr als nur ein Heimatmuseum (Di., Fr. u. jd. 1. So. im Monat 15.00–18.00 Uhr). Eine 2,5 stündige Wanderung führt vom Oberalppass auf einem bequemen Weg zum **Toma-See** (2345 m), wo der 1324 km lange Vorderrhein entspringt. Von Disentis (52 km östlich) rheinabwärts gelangt man nach **Flims/Laax**, eine der renommiertesten Wintersportregionen der Alpen. Ganz in der Nähe liegt **Falera**, das dank seiner Menhire berühmt wurde. Zwischen Ilanz und Reichenau liegt die 500 m tiefe Rheintalschlucht (45 km östl.), rätoromanisch: Ruin Aulta). Touren bietet die Kanuschule Versam am Bahnhof von Versau-Safien an (Tel. 081/645 13 24, www.kanuschule.ch).

Information

Sedrun Disentis Tourismus
Via Alpsu 2, 7180 Disentis
Tel. 081/920 30 20, www.disentis-sedrun.ch

Tipp

Schlichter Badetraum

In Vals einem engen Tal südlich von Ilanz, sprudelt die einzige Thermalquelle Graubündens. Seit 1996 Stararchitekt Peter Zumthor die Therme neu gestaltet hat, macht das Thermalbad Furore. Auf jeden Schnickschnack wurde verzichtet, der Blick streift über asketisch-schmucklose Wände aus graugrünem Quarzit, aus der Tiefe der Becken leuchtet grünliches Licht. Wenn wenig Betrieb ist, wähnt man sich fast in einem Tempel steinalter Quellgötter.

tgl. ab 11.00 Uhr, Anmeldung am Vortag
Tel. 081/92 68 961, www.therme-vals.de

02 CHUR

Chur (34 000 Einw.) ist vermutlich die älteste Stadt der Schweiz – sicher ist sie die verkannteste: Als „steinig und grau" geißelte sie Friedrich Dürrenmatt, als „kalt und finster" Thomas Bernhard. Die Rheintalautobahn führt direkt an Hochhaustürmen und Industrievierteln vorbei. Doch hinter dem Aschenputtelgewand verbirgt sich eine nette Einkaufsstadt.

Sehenswert

Sie brauchen Gummistiefel mit Schweizer Wappen darauf? Dann lohnt ein Besuch der Churer Konsumachse, der **Oberen Gasse**. Kein Auto stört hier die Flaneure, insgesamt 300 Geschäfte hat Chur zu verzeichnen. Jeden Samstag findet hier auch ein Bauernmarkt statt – ideal, um sich mit Bündner Spezialitäten einzudecken. Bei der prachtvollen Anlage oberhalb der Altstadt handelt es sich um die 1733 errichtete **Bischöfliche Residenz**. Gleich anbei steht die 1272 geweihte **Kathedrale**, die von außen bescheiden wirkt, im Inneren aber mit herrlicher Ausschmückung prunkt. Ihr Hochaltar (1492) gilt als schönster Flügelaltar der Schweizer Spätgotik.

Blick auf Chur und das Rheintal

Museen

Weltruf genießt das **Bündner Kunstmuseum**. Es zeigt neben den Werken der Churer Malerin Angelica Kauffmann auch bedeutende Stücke von Ernst Ludwig Kirchner und Giovanni Segantini (Di.–So. 10.00–17.00 Uhr). Eine Fülle von Informationen über Flora und Fauna in Graubünden stellt das **Bündner Naturmuseum** bereit (Di.–So. 10.00–17.00 Uhr). Alles über den Wein der Region lernt man im **Weinbaumuseum**. Hier werden auch Weine verkostet (im Sommer Mi., So. 14.00–17.00 Uhr).

Ausflüge

Mit der Seilbahn ist der Hausberg von Chur, der Brambüesch, rasch erreicht. In 1600 m Höhe stacheln zahlreiche Wander- und Radwege den sportlichen Ehrgeiz an. Wen trotzdem das Fernweh packt: Bernina- und Glacier-Express machen Station in Chur.

Hotel

Wo früher die Reisenden ihre Pferde wechselten, schlummern die Gäste nun friedlich im Säumer-Hotel **La Rösa** am Berninapass (DZ ab 250 CHF, Valposchiavo, Tel. 081/ 832 60 51, www.larosa.com).

Restaurant

Das **Panorama-Restaurant Rothorn** auf dem Parpaner Rothorngipfel in 2856 m Höhe serviert köstliche Graubündner Spezialitäten. Zu erreichen mit der Gondelbahn ab Lenzerheide (Tel. 081/385 03 24, www.lenzerheide.com).

Umgebung

Wergenstein (40 km südlich von Chur) ist ein abseits gelegenes, romantisches Bergnest. Geboten werden hier Infos zum Steinbock im Steinbockzentrum oder auf den geführten Wanderungen in die Reviere des Bündner Wappentiers. Ein Geheimtipp für Bergwanderer: die 3-tägige, anspruchsvolle Rundwanderung Via

Infos

Capricorn. Übernachtungsmöglichkeiten bietet Hotel Piz Vizan (Tel. 081/630 71 72, www.capricorns.ch). John Knittels gleichnamiger Roman machte die **Via Mala** 1943 weltbekannt (30 km südl.). Die Brücke von 1739 und die Reste des mittelalterlichen Weges lassen ansatzweise erahnen, warum der „schlechte Weg" so verrufen war. Parkplätze am Einstieg sind rar! Kiosk mit WC am Eingang, 300 Stufen Abstieg zur Aussichtsgalerie (April u. Okt. tgl. 9.00–18.00, Mai–Sept. tgl. 8.00–19.00 Uhr). Einzigartiges bietet die Kirche von **Zillis** (34 km südl.): eine Holzdecke aus dem 12. Jh., die in 153 bunten Bildtafeln das Leben Christi zeigt. **Lenzerheide-Valbella** (21 km südl.) war bis ins 19. Jh. nichts als eine Handvoll „Maiensässe", nur im Sommer bewohnter Höfe. Heute ist es fest in Touristenhand. Die Infrastruktur ist erstklassig, die Region steht für ein ausgezeichnetes Familien-Angebot. Für Mountainbiker hält die Touristeninformation GPS-Geräte bereit (www.bikerheide.ch).

Information

Chur Tourismus, Am Bahnhof, 7000 Chur
Tel. 081/252 18 18, www.churtourismus.ch

03 DAVOS

1860 propagierte der Mannheimer Arzt Alexander Spengler die Davoser Luft als Heilmittel für Tuberkulosekranke. Das bildete den Startschuss für den Wandel des Walserdorfes zum internationalen Kurort (11 000 Einw.). Thomas Mann lässt seinen „Zauberberg" (1924) hier spielen, doch vorbei ist die Zeit, als Lungenkranke eingewickelt in karierte Decken bei guter Luft genesen sollten. Jetzt sind die Gesunden dran: Der größte Ferienort der Schweiz hat mit herrlichen Skipisten und erstklassigem Angebot die Berge umfunktioniert zu einem Sportgerät der internationalen Spitzenklasse.

Sehenswert

Promenade nennt sich die Hauptachse der Stadt zwischen den Ortsteilen Davos-Dorf und Davos-Platz. Das Ladenangebot entspricht der Kundschaft: nobel, teuer, fein. Die Kirche **St. Johann** datiert ins 13. Jh. Vier Glasfenster von Augusto Giacometti lassen das Innere bei Sonnenlicht aufflammen.

Museen

Ernst Ludwig Kirchner suchte, gezeichnet von der Morphiumsucht, in Davos Linderung von den Strapazen des Großstadtlebens. Das **Kirchnermuseum** in Davos-Platz zeigt die größte Kirchnersammlung der Welt (Di.–So. Mitte April–Mitte Juni 14.00–18.00, Mitte Juni bis Mitte Okt. 10.00–18.00, Mitte Okt.–Ende Nov. 14.00–18.00 Uhr). 1937 diffamierten die Nazis seine Werke als „entartete Kunst". 1938 wählte Kirchner den Freitod. Er ist wie auch seine Frau in Davos begraben.

Im Unterengadin: Weithin sichtbar thront Schloss Tarasp auf einer Anhöhe oberhalb von Scoul.

Aktivitäten

Skifahrern und Snowboardern stehen rund um Davos 300 km **Pisten** zur Verfügung. Beste Liftanbindungen bringen die Sportler auf Weissfluhgipfel (2844 m), Schatzalp, Parsenn, Pischa- und Rinerhorn. Das Jakobshorn ist der Treff der Snowboarder, die **Eisbahn** die größte in Europa, Pferde- und Hundeschlittenfahrten, Schneeschuhwandern, Eishockey, Curling, es gibt eigentlich nichts, was man hier nicht machen könnte. **Golfen**? Natürlich auf einem 18-Loch-Golfplatz. **Gleitschirmfliegerschule** und Sommerrodelbahn runden das Angebot ab.

Umgebung

Auch **Klosters** im Prättigau (12 km nördl.) gehört zu den berühmten Skiorten der Schweiz, zeigt sich aber sehr viel heimeliger als das städtische Davos. Am Horizont glänzt das Silvrettamassiv, als Familienberg gilt das Madrisagebiet, wo der größte Erlebnispark der Schweiz entsteht. Hier beginnt auch ein „Energiespürpfad" (ca. 1 Std. reine Wanderzeit) für alle, die sich mit Kraftplätzen und Energielinien befassen wollen. Besonders schön sind die Wanderwege rund um den Gotschagrat, zu denen eine Seilbahn hinaufführt.

Information

Davos-Klosters Tourismus
Talstr. 41, 7270 Davos-Dorf
Tel.081/415 21 21, www.davos.ch

04 ST. MORITZ

St. Moritz (5000 Einw.) gilt als der exklusivste Wintersportort der Alpen. Angefangen hatte alles mit einer Quelle, die vom berühmten Arzt Paracelsus 1535 das Prädikat heilend erhielt. Der Bädertourismus brummte vor allem im 19. Jh. 1928 und 1948 war St. Moritz Schauplatz der Olympischen Winterspiele und danach ging es nur noch bergauf.

Sehenswert

Historische Häuser gibt es so gut wie keine. Wuchtige Hotelbauten dafür umso mehr. Und jeder Rolls Royce, jeder Aston Martin und jeder Zobelpelz trägt dazu bei, Gesamtkunstwerk St. Moritz zu formen. Hunger nach Kunst und Kultur wird weniger gestillt als nach Show und Amüsement. An der Straße nach Maloja steht das **Segantini-Museum**, ein fremdartiger Kuppelbau aus grauem Stein. Es zeigt die weltweit größte Ausstellung von Werken des Malers Giovanni Segantini (1858–1899), der, wie sein englischer Kollege Turner, ein Meister darin war, Lichtstimmungen einzufangen (Mitte Mai bis Mitte Okt. u. Anf. Dez.–Mitte April Di.–So. 10.00 bis 12.00, 14.00–18.00 Uhr).

Hotels

Eine tolle Lage besitzt das **Waldhaus am See** in St. Moritz (DZ ab 220 CHF, Via Dim Lej 6, Tel. 081/ 836 60 00, www.waldhaus-am-see.ch).
Übernachtungsmöglichkeiten der Umgebungsziele: Wie die Felsen-Therme von Vals wurde auch das **Hotel Therme** von Peter Zumthor gestaltet (DZ ab 215 CHF, Vals, Tel. 081/926 80 80, www.therme-vals.ch).

DuMont Aktiv

Familie Zollinger betreibt unweit des Badeortes Scuol das **Hotel Villa Post**, das durch seinen freundlichen Service und die stilvollen Räumlichkeiten auffällt (DZ ab 190 CHF, Vulpera, Tel. 081/864 11 12, www.villa-post.ch).

Restaurant

Im Restaurant **Stüa Granda** in Soglio werden heimische Spezialitäten, u. a. aus Kastanien serviert. Übernachten ist ebenfalls möglich (DZ 170–190 CHF, Soglio, Tel. 081/822 19 88, www.stua-granda.ch).

Umgebung

Berühmt ist **Scuol** (61 km nördl.) für seine warmen Quellen, die im Bade- und Wellnesszentrum Bogn Engiadina hervorragende Dienste tun, und Schloss Tarasp. Zwischen **Zernez** (34 km nördl.) und dem Ofenpass erstreckt sich östlich der Schweizer Nationalpark, der durch zahlreiche Wanderwege erschlossen ist. Warnschilder geben Hinweise, wie man sich bei Begegnungen mit Bären zu verhalten hat. Die streunen hier mitunter durch die freie Natur (Bären-Themenwege und alles rund um den Bär unter www.ursina.org). Das Nationalparkhaus in Zernez bietet eine umfassende Schau zu den Tieren und Pflanzen der Berge (Sommer 8.30–18.00, Winter Sa., So. geschl., www.nationalpark.ch). Jenseits des Ofenpasses liegt das **Münstertal** (Val Müstair, 72 km östl.). Zum UNESCO-Weltkulturerbe gehört die Kirche des um 750 gegründeten Klosters St. Johann in **Müstair** wegen der gut erhaltenen, farbenprächtigen karolingischen Fresken (tgl. 9.00 bis 18.00 Uhr). In ▶**TOPZIEL** **Sils Maria** (11 km südl.) verbrachte Friedrich Nietzsche 1881 und 1883–1888 die Sommermonate. Das Nietzsche-Haus stellt Originalschriften und andere Zeugnisse aus. Besonders eindrücklich sind die Führungen, die in Leben und Werk des Philosophen einführen. (Führungen im Sommer Mi. 11.30 Uhr). Weht der Wind kraftvoll, setzen auf dem Silser und Silvaplaner See Kite- und Windsurfer hunderte bunte Tupfer auf das Blau des Wassers. Von Sils aus starten glöckchenklimpernde Pferdekutschen ins **Val Fex**, eines der schönsten, weil einsamsten Seitentäler des Engadins. Autos dürfen hier nicht fahren, Ruhe ist garantiert. Elektrisches Licht gibt es erst seit 1954. Über den Malojapass (1850 m) führt die Straße ins ▶**TOPZIEL** **Bergell**. Sehenswert ist hier das kleine Bergdorf **Soglio** (39 km südl.). Unsere persönliche Lieblingsroute: eine kleine Wanderung durch die Kastanienwälder zwischen Soglio und Castasegna.

Information

Kur- und Verkehrsverein
Via Maistra 12, 7500 St. Moritz
Tel. 081/837 33 33, www.stmoritz.ch

Auf der Via Spluga

Ein sehr schöner Weitwanderweg, die Via Spluga, führt von Thusis über den Splügenpass (2113 m) nach Chiavenna in Italien. Mit vier Tagen Gehzeit ist dieser historische Säumerpfad von der Länge her überschaubar. Für ein völlig unbeschwertes Laufen bietet sich der Gepäckservice von Ort zu Ort an.

Kastanienhaine, Bergbäche, kleine Dörfer und die Magie eines seit Jahrhunderten begangenen Weges zeichnen diese Route aus. Ein wenig Kondition muss man mitbringen und der Bergwelt entsprechende Ausrüstung, darunter gute Wanderstiefel und wetterfeste Kleidung. Stöcke erleichtern so manchen Aufstieg. Die Dauer der einzelnen Etappen liegt täglich zwischen 4 und 6,5 Std.

Dem Weg der Säumer folgend...

Nach dem Start in Thusis warten auf der 1. Etappe gleich zwei Höhepunkte: die Via Mala und die Kirche von Zillis. Am nächsten Tag zählt die Roflaschlucht zu den Highlights. Nun steht ein größerer Aufstieg an: über Sufers nach Splügen. Am 3. Tag führt der alte Saumweg zum Pass hinauf und damit zur Grenze Schweiz/Italien. Von nun an geht es (fast) immer bergab. Grandios: die wilde Cardinelloschlucht, die einst als die gefährlichste Etappe bei den Säumern gefürchtet war. Heute ist sie „entschärft". Ziel des Tages das Städtchen Isola. Die letzte Etappe nach Chiavenna führt an mehreren Kirchen vorbei; einst war der Saumpfad auch ein Pilgerweg. Zurück zum Start gelangen die Wanderer mit dem Bus (ca. 3,5 Std.).

WEITERE INFORMATIONEN

· Tourinformationen
Länge: 65 km, höchster Punkt: 2115 m (Splügenpass)
Start Thusis, Ziel Chiavenna
wegen Grenzübertritt Pass oder Personalausweis erforderlich!
Routeninfos im Internet:
www.viaspluga.com

· Buchung des Gepäcktransports
Gästeinformation Viamala Ferien
7435 Splügen, Tel. 081/650 90 30
www.viaspluga.ch

Gästeinformation Thusis
7430 Thusis, Tel. 081/651 11 34
www.viamala.ch

Am Südhang der Schweiz

Sommerwärme und Palmen, Weinreben, Espresso und Gelati belegen das italienische Erbe des südlichsten Kantons der Schweiz. Berge sind auch im Tessin die auffälligste Landmarke, und sie steigen spektakulär am Lago Maggiore und Luganer See auf. Die dichtbewaldeten Täler mit ihren urtümlichen Dörfern im Hinterland von Bellinzona, Locarno und Lugano sind ein Paradies für Wanderer, Radfahrer und Genießer.

Zypressen flankieren den Aufweg zu S. Abbondio in Gentilino und verleihen der Tessiner Bergwelt einen Hauch von Italien.

Drei Gesichter des Tessins: lieblicher Blumenzauber im Süden bei Carona, das Onsernonetal steht für das grüne Hinterland und die Eiswelt am Gotthardpass für den alpinen Norden des Kantons.

Hoch oben in der Felsenwelt des Gotthardmassivs beginnt das Tessin. In welch eisiger Einsamkeit der Ticino entspringt, der dem Kanton seinen Namen gab, erfahren nur die wenigen, die den Weg über den Nufenenpass wählen. Die meisten Tessin-Besucher schluckt bei Göschenen der Gotthardtunnel und spuckt sie jenseits der Berge bei Airolo wieder aus. Bis ins 19. Jahrhundert war das Tessin bitterarm und ein Auswanderungsland. Mit dem Heraufdämmern des 20. Jahrhunderts setzte eine Gegenbewegung von jenseits der Alpen ein: Das Tessin wurde Zuflucht für die Bohème. Künstler und Sinnsucher haben sich im Glanz der südlichen Sonne selbst verwirklicht, und die Großväter der Hippies träumten vom süßen Leben am Busen der Natur. Heute freut man sich an der Sicherheit des Schweizerseins, an Wohlstand und am Bankgeheimnis. Nur das Müsli hat es nicht über die Alpen geschafft.

TOR ZU ITALIEN

Die längste Zeit seiner Geschichte gehörte das Tessin zu Italien. Mailändische Chorherren und Bischöfe von Como waren die letzten Italiener, die hier das Sagen hatten bevor die Eidgenossen ab dem 15. Jh. das Tessin scheibchenweise schluckten. Denn groß war das Interesse der Schweizer, die Alpenpässe auch in südlicher Richtung zu kontrollieren, z.B. den Lukmanier, vor allem aber den Gotthardpass: Um 1200 gelang es den wackeren Mannen aus Uri, eine Brücke über die fürchterliche Schöllenenschlucht zu bauen. Auf einen Schlag war damit die kürzeste Verbindung von Köln und Zürich nach Mailand und Rom geschaffen, und mit Wegezöllen ließ sich am Fluss der Waren über die Alpen kräftig mitverdienen. Offiziell in die Eidgenossenschaft aufgenommen wurde das Tessin aber erst 1803 im Zuge der napoleonischen Neuordnung. Kaum war der Gotthardtunnel für Bahn (1882) und Auto (1980) eröffnet, fielen die Zugänge zu den Pässen

San Carlo in Negrentino (Bleniotal) zählt zu den bedeutendsten romanischen Kirchen der Schweiz.

Die Anfänge von Santa Maria di Castello in Giornico gehen auf das 12. Jahrhundert zurück.

Gandria war einst ein einfaches Fischerdorf, dessen Bewohner sich um 1850 noch ein Zubrot durch die Seidenraupenzucht verdienten. Heute zählt die 300-Seelen-Gemeinde zu den bevorzugten Ausflugszielen am Luganer See.

Gässchen in Indemini am Lago Maggiore

Corippo, ein typisches Tessiner Dorf im Verzascatal

von Gotthard und Lukmanier in einen Dornröschenschlaf. So ist das nördlich-alpine Tessin, das „Sopraceneri" mit Leventina und Bleniotal, nie so stark in den touristischen Focus gerückt wie das mediterrane „Sottoceneri". Im Tessin sprechen 85 Prozent der Bevölkerung italienisch. Gleichzeitig ist aber der Anteil an Wahltessinern groß, die hier ein schmuckes Rustico besitzen und sich nur tageweise sehen lassen. Im Winter rettet sich, wer kann, auf die Nordseite der Alpen, „wo ordentlich geheizt wird", was schon Hermann Hesse begrüßte.

TESSINS ROMANISCHES ERBE

Die Fahrt über den Lukmanier hinab durchs Bleniotal, am besten mit einem Cabriolet, gehört mit zu den eindrucksvollsten Gebirgsstrecken. Hoch über dem Brenno klammern sich die Bergdörfer an den Fels, und erschreckend winzige Äcker zwängen sich in den Talgrund. Wo das Leben hart ist, ist die Frömmigkeit oft tief. Das bezeugen die Kirchlein, die sich selbst das abgelegenste Dorf noch leistet. Gerade das Tessin ist reich an Zeugnissen romanischer Baukunst. Eine der bedeutendsten Kirchen aus dieser Epoche steht im Bleniotal: San Carlo in Negrentino. In der Osteria von Leontica lässt man sich den Schlüssel geben, wandert in einer halben Stunde zu dem Kirchlein. Es liegt wahrhaft göttlich: eingebettet in grüne Wiesen und mit einer Rundsicht auf Tal und Berge, die ganz ergriffen macht. Den Erbauern der ins 1. Jh. datierten Kirche ist es gelungen, das Blau des Himmels und das Ocker der Erde, die Farben von Alpenrosen, Schnee und Sonnenuntergang einzufangen und auf den Wänden der Kirche zu verewigen. Die Fresken zeigen Christus im Zentrum des Universums thronend, zeigen schwebende Engel und schlangenhaftes Meeresgetier. Sanft blicken weltentrückte Apostel auf die staunenden Besucher nieder. Das Fresko (11. Jh.) in der größeren und älteren der beiden Apsiden gilt als eines der ältesten im Tessin. Es zeigt deutliche byzantinische Einflüsse. Hier wie überall schöpft die Tessiner Kunst aus dem norditalienischen Erbe.

Wo das Leben hart ist, ist die Frömmigkeit oft tief.

GOLDENE LEOPARDEN

Was wäre besser geeignet, um das italienische Flair des Tessins zu unterstreichen als das besondere Lebensgefühl am Lago Maggiore? Hortensien groß wie Kinderköpfe hängen ihre Blüten über die Mauern, Rosen, Oleander, Kalla und Magnolien gedeihen wie Unkraut. Die Gärten und Parks an seinen Ufern und auf den Brissago-Inseln sind im Sommer schwer von Blütenduft. Natürlich steckt die Sonne als treibende Kraft hinter diesem subtropischen Wachsen, doch auch der Regen tut das Seine – und es regnet viel im Tessin! Das hat schon an den Nerven vieler Urlauber gezerrt. Wer sich bei Regen nicht in die dampfenden, würzig riechenden Wälder des Locarnese wagen will, geht einfach nach Locarno. Im Sommer wird die Piazza Grande zum Schauplatz der Filmfestspiele. In den Bars und Restaurants diskutieren Filmkritiker, Regisseure, Schauspieler und Zaungäste aller Art bis tief in die milde Nacht hinein, und bis die begehrte Trophäe, der Goldene Leopard, endlich verliehen ist, summt die Stadt vor Energie. Danach senkt sich wieder kleinstädtische Ruhe über die winzigen Gassen. In der Alt-

Sonnengelb leuchtet die Wallfahrtskirche Madonna del Sasso in Locarno.

Palmen, Alpengipfel, südländisches Flair: Magadino am Lago Maggiore

Abendstimmung am Luganer See mit Blick vom Park der Villa Ciani auf den Monte San Salvatore. Tagsüber bietet sich von dem 912 m hohen Berg eine der schönsten Aussichten des Tessins.

Bellinzona, die Kantonshauptstadt, besitzt drei berühmte Festungsanlagen, an deren Fuß jeden Samstag ein verführerischer Markt stattfindet.

Die Magnolienblüte bei Vairano kündigt den Frühling an.

stadt isst man übrigens deutlich günstiger (und manchmal besser) als im Dreieck zwischen Piazza, Bahnhof und Uferpromenade.

GRANDEZZA IN LUGANO

Wenn zwei sich streiten, freut sich der Dritte. So war es auch beim jahrelangen Gerangel zwischen Lugano und Locarno um den Titel der Kantonshauptstadt: Schließlich wurde es Bellinzona. Trotzdem umhüllt nur Lugano eine Atmosphäre von Größe und Macht. Vielleicht liegt es schlicht am Geld, schließlich ist Lugano nach Zürich und Genf drittgrößter Finanzplatz der Schweiz. Seine Banken lassen ihre Tempel von Stararchitekten wie Mario Botta bauen, Luganos Häuserfronten sind beeindruckend, die Arkaden prächtig, die Geschäfte in der Innenstadt edel und teuer. Und in der Via Nassa und Via Pessina werden selbst eingefleischte Asketen schwach, so überbordend ist das Angebot an Salami und Mortadella, Schinken, allen Arten von Käse, ofenfrischem Olivenbrot, heimischem Merlot, Kastanienbier, Maronenmus und winzigen Patisseriekostlichkeiten, die jede Sünde wert sind. Wie ein grüner Vorhang schiebt sich eine Doppelreihe kräftig zurechtgeschnittener Linden und Rosskastanien zwischen Stadt und Luganer See und hält die urbane Hektik zurück. Tatsäch-

Special GEGENKULTUR AM MONTE VERITA

Der Berg der Wahrheit

„Das heutige Leben basiert auf Egoismus, Luxus, Lüge und Heuchelei." Den so aktuell wirkenden Satz schrieb Pianistin Ida Wegmann im Jahre 1899. Mit 35 Jahren klappte sie den Klavierdeckel im heimischen München zu und zog mit dem elf Jahre jüngeren gleich gesinnten Henri Oedenkofen über die Alpen, um von Ascona aus miederlos, unverheiratet und vegetarisch die Welt zu verbessern.

Askese in Ascona? Das war einmal.

Dank der Finanzspritzen von Papa Oedenkofen, einem schwerreichen Industriellen aus Belgien, konnte Henri den gesamten Monte Monescia erwerben und nannte ihn „Monte Verità", Berg der Wahrheit. Die 1902 gegründete „Vegetabile Cooperative" baute „Lichthütten", zog Esoteriker, Zivilisationsmüde und Künstler aus allen Himmelsrichtungen an, darunter Hermann Hesse, Hans Arp, Erich Mühsam, Mary Wigman und Isadora Duncan. Man pflanzte sein Gemüse selbst, trat in wallenden Gewändern auf, tanzte nackt im Luftbad und sorgte für Kopfschütteln bei den nachsichtigen Tessinern. Auch wenn sich die Welt trotz der Cooperative nicht entscheidend gebessert hat, begründete dieser lebensreformerische Input doch den Ruf des Lago Maggiore als ideales Pflaster der Bohème, was wiederum den Boden für den Tourismus bereitete. Der Berg ging später an den Kanton und jetzt tagen hier kluge Köpfe der Eidgenössisch-Technischen Hochschule.

Auszeit im Tessin: Feiern in einem Grotto in Giornico oder Paddeln auf der glasklaren Maggia im Maggiatal. Im Nachbartal spannt sich die Ponte dei Salti in Lavertezzo elegant über die Verzasca. Der Name des Flusses leitet sich von Verde aqua (grünes Wasser) ab.

lich ist die Verstädterung der Alpen nirgends so stark wie im Tessin: 90 Prozent der Tessiner leben in den Ballungsgebieten um Lugano, Locarno und Mendrisio.

BADEN IM VERZASCATAL

Ticino granito nennt man die Täler des Locarnese, denn nicht nur die Berge, auch die Häuser und Ställe, Kirchen und Brücken bestehen aus dunkelgrauem Granit oder Gneis. Täler wie Centovalli und Valle Maggia greifen tief ins Hinterland Locarnos aus und bezaubern durch ihre abgelegenen Weiler. Einer der beliebtesten Ausflüge führt von Locarno aus ins Verzascatal, das Tal der grünen Wasser. In Lavertezzo schwingt sich die Ponte dei Salti in zwei anmutigen Bögen über den Fluss, als wollte sie es dem Wildwasser gleichtun, das den gemaserten Gneis in weiche, fließende Formen zwingt. Im Sommer herrscht Hochbetrieb bei der Brücke, denn hier finden Badende einen guten Einstieg ins eisklare Wasser. Obwohl viele Schilder vor Strudeln und gefährlichen Strömungen warnen, vergeht keine Saison ohne tödliche Unfälle.

Weiter oben rückt das Tal immer enger zusammen. Der Weg führt vorbei am Bergdorf Brione mit seinen in den Hang eingeflickten Häusern. Am Ende des wilden Tales breitet sich Sonogno aus: gepflegte Rusticos mit Geranien und Schweizerflagge, kleine Gassen mit Andenkenläden, ein Gasthaus und ein paar Bauernhöfe. Am Ende des Ortes leitet der Weg zur Grotto Efra, ein Lokal, das so manchen Vorsatz von langen Wanderungen ins Wanken brachte. Auf der Rückfahrt nach Locarno lohnt der Stopp an der 220m hohen Staumauer am Talausgang: Bungeespringer stürzten sich hier in die Tiefe und eifern darin James Bond in „Goldeneye“ nach. Der Stausee selbst wirkt dunkel und bedrückend, vielleicht, weil in seinen Fluten das Dorf Tropino versank und mit ihm Felder und Ställe, Häuser und Heimat vieler Generationen.

Luzern
Emmen
Littau
Kriens
Horw
Weggis
Rigi
Goldau
Schwyz
Vitznau
Gersau
Brunnen
Urner See
Hölloch
Muotathal
Glarus
Schwanden
Linthal
Sargans
Pilatus
Entlebuch
Schüpfheim
Stans
Sarnen
Sachseln
Altdorf
Axenstrasse
Flüelen
Erstfeld
Silenen
Amsteg
Urner Alpen
Tellskapelle
Klausenpass
Engelberg
Titlis
Lungern
Brienz
Meiringen
Brünigpass
Sustenpass
Wassen
Göschenen
Andermatt
Oberalppass
Sedrun
Disentis
Glarner Alpen
Ilanz
Flims
Chur
Bonaduz
Thusis
Via Mala
Splügen
Splügenpass
Hinterrhein
Rheinwald
San Bernardino
P.so d. S. Bernardino
Mesocco
Grindelwald
Eiger
Jungfrau
Jungfraujoch
Aletschhorn
Grimselpass
Furkapass
Gletsch
Hospental
St. Gotthardpass
Airolo
Ambrì
Faido
Biasca
Bellinzona
Lago Maggiore
Locarno
Ascona
Lugano
Campione d'Italia
Mendrisio
Chiasso
Como
Lago di Como
Lecco
Menaggio
Bellagio
Varenna
Brig
Simplon
Simplonpass
Domodossola
Verbania
Stresa
Isole Borromee
Lago d'Orta
Omegna
Orta S. Giulio
Borgomanero
Arona
Varese
Gallarate
Busto Arsizio
Legnano
Saronno
Monza
Sesto S. Giovanni
Rho
Novara
Biella
Valle Anzasca
Valle Maggia
Val Verzasca
Valle Leventina
Ticino
Adula
Alpi Ticinesi
Maßstab 1:650.000
0
10km

Wo die Zitronen blühn

Lago Maggiore und Lago di Lugano stehen für Baden, Sonnen und opulente Parks. Wie in Italien fühlt man sich in den Altstädten von Lugano, Locarno und Bellinzona, die zum Bummeln und Einkaufen einladen. Abgeschiedene Ecken wie Blenio- und Verzascatal bieten ideales Terrain für Wanderer und Sportler. Tüpfelchen auf dem i ist die Einkehr im Grotto, wo Tessiner Merlot und heimische Küche serviert werden.

01 BELLINZONA

Nichts könnte Bellinzonas (17 000 Einw.) Position als Hauptstadt des Tessin besser unterstreichen als seine drei mächtigen Burgen. Sie zählen zum UNESCO-Weltkulturerbe. Schon die Römer legten auf dem markanten Grantikegel mitten im Tal des Ticino im 1. Jh. v. Chr. ein Kastell an. Wer Bellinzona beherrschte, das „Tor Italiens", hatte die Macht über die Alpenübergänge von St. Gotthard, Lukmanier und St. Bernardino. Um diese Schlüsselposition zwischen Nord und Süd zu halten, ließen die Mailänder Herren drei Burgen errichten, verbunden durch eine riesige Mauer, die das gesamte Tal abriegelte. Erst den Eidgenossen gelang es im 15. Jh., Bellinzona in die Knie zu zwingen. Nachdem 1888 der Fluss korrigiert wurde, konnten Felder angelegt werden. Diese Region ist heute die Kornkammer des Tessins.

Tipp

Tessiner Spezialitäten

Wer über den Lukmanier fährt, kann in Malvaglia einen Stopp einlegen und sich in der Metzgerei Blotti mit köstlicher Wildschwein-Salami, Tessiner Wurstspezialitäten, Käse, Merlot und Grappa eindecken. Von der Umgehungsstraße in die Ortsmitte abzweigen, direkt an der Brücke befindet sich der Laden.

Salumeria Patrizio Blotti
6713 Malvaglia, Tel. 091/870 10 83

Sehenswert

Die **Altstadt** atmet typisch lombardisches Flair. Das **Rathaus** (14./15. Jh., 1928 abgerissen und original aufgebaut) gilt als ein Stück „Toskana im Norden". Jeden Samstag bietet sich auf dem Markt die beste Gelegenheit, Spezialitäten des Tessins einzukaufen. Die **Piazza Nosetto** war einst Dreh- und Angelpunkt des Transitverkehrs. Heute beherrschen nette Laubengänge die Szenerie. **Castelgrande** ist die älteste der drei Festungen und steht auf den Resten des Römerkastells. Im 13. Jh. erbaut und im 15. Jh. erweitert, beherbergen die eindrucksvoll restaurierten Mauern heute eine Tagungsstätte, zwei Restaurants und das archäologisch-kunsthistorische **Castelgrande Museum** (Nov.–März 10.00–17.00, April–Okt. bis 18.00 Uhr). Auf halber Höhe liegt **Castello di Montebello**, dessen Bergfried ins 13./14. Jh. datiert, weitere Bauten ins 15. Jh. Auch hier kann man sich in einem archäologischen Museum, dem Montebello-Museum, informieren (Mitte März–Anf. Nov. 10.00–18.00 Uhr). Jüngste im Bunde ist die höchstgelegene Burg: **Sasso Corbaro**, 1479 nach der Schlacht von Giornico in der Rekordzeit von sechs Monaten in den Fels geklotzt. Grandiose Aussicht und Osteria.

Hotel

Tief im Gotthard-Massiv auf 2050 m hat Jean Odermatt in ehemaligen Festungsanlagen ein einzigartiges, stilvolles 4-Sterne-Hotel geschaffen. das **La Claustra** (DZ ab 245 CHF, geöffnet Ende Mai–Mitte Okt., Zutritt nur nach Voranmeldung und Reservierung, San Gottardo, 6780 Airolo, Tel. 091/880 50 55, www.claustra.ch).

Umgebung

In **Biasca** (24 km nördlich von Bellinzona) vereinigen sich die Routen von Gotthard und Lukmanier. Richtung Lukmanier öffnet sich das Bleniotal mit seinen Weinbergen und Kirchen, Richtung Gotthard das Valle Leventina. Hoch über Biasca thront die sehenswerte Stiftskirche Santi Pietro e Paolo (um 1200 errichtet, Wandmalerien 13.–16. Jh.). Ab **Giornico** (31 km nördlich von Bellinzona) beginnt der Süden: die ersten Reben werden sichtbar, das Klima deutlich mediterran. Giornico besitzt sieben Kirchen, darunter San Nicolao, die wichtigste romanische Kirche des Tessins (erbaut im 12. Jh., die Fresken sind spätgotisch). Das Infozentrum am Südportal des in Bau befindlichen Gotthard-Basistunnels (NEAT Alptransit) in **Pollegio** (36 km nördl.) informiert über den Tunnelbau und den Kulturraum Gotthard (Di.–So. 9.00 bis 18.00 Uhr, www.alptransit.ch; Voranmeldung für Führungen Tel. 091/873 05 51). Von **Piotta** (53 km nördl.) aus bietet sich eine eindrucksvolle Wanderung zum Lago Ritom an.

Höhepunkt des Jahres in Locarno: Filmfest

Information

Bellinzona Turismo e Eventi
Palazzo Civico, 6500 Bellinzona
Tel. 091/825 21 31
www.bellinzonaturismo.ch

02 LOCARNO

Seine malerische ▶**TOPZIEL** Altstadt, die Palmen und die herrliche Lage am See machen Locarno (15 000 Einw.) zum beliebtesten Ziel des Tessins. 789 wird die Stadt am Schwemmkegel des Maggia erstmals erwähnt, gehörte später, je nach Kräftelage, mal zu Como, mal zu Mailand. Nach der Einverleibung in die Schweiz war „die Schöne am See" die erste Hauptstadt des Tessins (1803–1878).

Sehenswert

Für Stöckelschuhe ein höllisches Pflaster, ansonsten recht ansprechend präsentiert sich die **Piazza Grande**. Laubengänge aus dem 19. Jh. beherbergen Restaurants, Cafés und Eisdielen. Hoch über der Stadt thront die Wallfahrtskirche **Madonna del Sasso**. Eine Standseilbahn (westl. Hauptbahnhof) erspart beschwerliche Fußmärsche. Im Inneren der um 1600 erbauten, reich stukkierten Kirche zeugen Votivtafeln von den Hoffnungen, die die Gläubigen auf die heilige Jungfrau setzten. **San Vittore** im Stadtteil Muralto gilt als eine der bedeutendsten romanischen Kirchen des gesamten Kantons. Der Freskenzyklus auf der Südwand, der ins 11. Jh. datiert, ist wie auch die Krypta besonders sehenswert.

Museen

Im prächtigen Castello Visconteo informiert das **Museo Civico e Archeologico** über die Geschichte der Stadt. Prunkstücke sind die römischen Gläser (April–Okt. Di.–Fr. 10.00 bis 12.00, 14.00–17.00, Sa., So. 10.00–17.00 Uhr). Was Dada-Künstler Hans Arp geschaffen hat, zeigt die **Pinacoteca Comunale Casa Rusca** (Di.–So. 10.00–12.00, 14.00–17.00 Uhr).

Infos

Feste
Seit 1946 locken jeden August die **Filmfestspiele** Cineasten aus aller Welt an den See. Berühmt ist auch das Winzerfest im Sept./Okt. und das Kastanienfest in Ascona (Oktober).

Ausflüge
Ins **Centovalli** (5 km westl.) bringt die Centovalli-Bahn. Sie schraubt sich über 93 Brücken und durch 34 Tunnel dem 1100 m höher gelegenen Domodossola entgegen.

Hotels
2010 eröffnete **Hotel Giacometti** unweit der Piazza Grande. Unterkünfte ab 160 CHF fürs DZ (Via San Francesco 1, Tel. 091/751 87 82, www.hotel-giacometti.ch).
Nicht mit dem Auto erreichbar und damit ab vom Schuss: das **Sass da Grüm**, errichtet an einem „Ort der Kraft". Herrlicher Blick auf den Lago Maggiore, erstklassige Vollwertküche (DZ ab 350 CHF, 6575 San Nazzaro/Vairano, Tel. 091/785 21 71, www.sassdagruem.ch).

San Maria degli Angioli in Lugano

Umgebung
Ascona (1 km westl.) ist der mondänste Kurort des Tessins, hat sich aber dennoch in manchen Ecken den Charme des ursprünglichen Fischerdorfes bewahrt. Die Piazza liegt traumhaft direkt am See. **Ronco** (12 km westl.) gleicht einem Labyrinth aus winzigen Gassen. Auf dem Friedhof ist Erich Maria Remarque bestattet. Von Ronco oder Locarno fahren Schiffe auf die **Brissago-Inseln** (Hauptsaison tgl. 7.00–19.00 Uhr; www.navigazionelaghi.ch). Das **Valle Maggia** (5 km nördl.) ist das größte der Locarneser Seitentäler. Schöne Wanderwege durchziehen seine Kastanienwälder. Im westlich gelegenen Val die Campo liegt **Bosco Gurin** mit einem sehenswerten Walsermuseum (Ostern bis Okt. Di.–Sa. 10.00–11.30, 13.30–17.00, So. 13.30–17.00 Uhr) Das 10 km nördl. gelegene **Verzascatal** ▶**TOPZIEL** gehört zu den schönsten Tälern der Region. Bei **Lavertezzo** spannt sich die Ponte de Salti über die Verzasca. Zahlreiche Wandermöglichkeiten.

Tipp

Kirchenbau von Botta

In einem Seitental des Valle Maggia liegt Mogno. Unbedingt die 1996 von Mario Botta erbaute Kirche aufsuchen! Sie liegt abseits der Hauptstraße zwischen eindrucksvoll wieder aufgerichteten Holzhäusern, die wie die ehemalige Kirche selbst nach einem Lawinenabgang am 25. April 1986 zerstört worden waren. San Giovanni Battista sieht schon von außen skurril aus, der Wechsel von weißem Peccia-Marmor und schwarzem Vallemaggia-Granit rund um den Altar im Inneren entwickelt eine irritierende Sogkraft.

geöffnet: April bis Oktober
tgl. 9.30 – 17.00 Uhr

Information
Ente Turistico Lago Maggiore
Via B. Luini 3, 6600 Locarno
Tel. 091/791 00 91
www.maggiore.ch, www.ascona-locarno.ch

03 LUGANO

Mit dem Titel „capita morale", heimliche Hauptstadt, schmückt sich Lugano (55 000 Einw.) gerne. Die Stadt zieht wegen ihres milden Klimas und der einzigartigen Lage am See Tausende Besucher an. Monte Salvatore (912 m) und Monte Bré (925 m) schützen die Stadt und verleihen dem Seeblick einen gewissen Hauch von Dramatik.

Sehenswert
Mehr als einen Hauch von Italien besitzt die große **Piazza della Riforma**, wo im Sommer die Stühle draußen stehen und dienstags und freitags von 7.30 bis 12.00 Uhr buntes Markttreiben herrscht. Wichtigste Einkaufsstraße ist die **Via Nassa**. An ihrem südlichen Ende erhebt sich die Renaissancekirche **S. Maria degli Angioli** (1499), die im Inneren über und über mit Fresken geschmückt ist. Besonders eindrucksvoll: das Kreuzigungsfresko im Lettner von Bernardo Luini (16. Jh.). Die Feinkostläden in **Via Pessina** führen alles, was das Herz begehrt. Die **Banco del Gottardo** in der Via Franscini wurde von Mario Botta entworfen. Wer Ruhe sucht: im blumenreichen **Parco Civico** hinter dem Casino/Kursaal-Areal ist sie zu finden.

Museen
Gemälde des 19. und 20. Jh. sowie französische Impressionisten zeigt das **Museo Cantonale d'Arte** (Via Canova 10, Di. 14.00–17.00, Mi.–So. 10.00–17.00 Uhr, www.museo-cantonale-arte.ch). Mitten im **Parco Civico** steht das Städtische Kunstmuseum **Museo d'Arte della Città di Lugano** und stellt insbesondere Tessiner Künstler vor (Ville Malpensata, Di.–So. 10.00–18.00 Uhr – nicht immer geöffnet, Info unter www.mda.lugano.ch). Außerdem gibt es noch das Museum der Kulturen.

Feste
Seit über 30 Jahren lockt das **Jazzfestival** im Juli internationale Jazzgrößen nach Lugano. Gespielt wird gratis und unter freiem Himmel (Programminfo unter www.estivaljazz.ch). 1. Aug. Feuerwerk zum Nationalfeiertag.

DuMont Aktiv

Ausflüge

Mit dem Schiff lohnt eine Tour nach **Morcote** oder **Gandria**. Spielernaturen können von hier auch Richtung **Campione** in See stechen, eine italienische Enklave auf Schweizer Staatsgebiet und mit dem größten Kasino Europas gesegnet. Die Luganer Standseilbahn führt vom Ortsteil Cassarate auf den **Monte Bré** (925 m, zu Fuß 2,5 Std.), den Hausberg von Lugano mit Traumaussicht auf die Walliser und Berner Alpen. Ebenfalls per Standseilbahn (ab Stadtteil Paradiso) kann man den Erlöserberg, den **Monte San Salvatore** (915 m) bezwingen.

Restaurant

Köstlichkeiten der Tessiner Küche bietet das Feinschmeckerlokal **Al Portone**, das zu den besten der Region zählt (Viale Cassarate, Tel. 091/923 55 11, So., Mo. Ruhetag).

Umgebung

Hermann-Hesse-Fans zieht es nach **Montagnola** (5 km südl.), wo der 1877 geborene Dichter und Literaturnobelpreisträger von 1919 bis zu seinem Tode 1962 lebte. Sein Wohnhaus, wo er „Siddharta" (1922), „Steppenwolf" (1927) und „Das Glasperlenspiel" (1943) schrieb, ist nicht zu besichtigen. Es gibt aber ein Hesse-Museum, die Fondazione Hermann Hesse (März–Okt. tgl. 10.00–18.30, Nov.–Feb. Sa., So. 10.00–17.30 Uhr). Hesse und seine Frau Ninon liegen Seite an Seite auf dem Friedhof von **Gentilino** bei Montagnola begraben. Den Grabstein, mit einem aufgeschlagenen Buch verziert, findet man im rechten hinteren Eck im Schatten eines großen Lebensbaumes. Das malerische **Morcote** liegt an der Spitze der Halbinsel, die sich von Lugano aus in den See schiebt (12 km südl.). Berühmt ist die Kirche Santa Maria del Sasso. Im Parco Scherrer kombinierte der reiche Textilhändler Hermann Arthur Scherrer um 1930 unerschrocken griechische und ägyptische Tempel mit siamesischen Teehäusern und umgab sie mit Zedern, Kamelien, Palmen, Bambus und mehr (März bis Okt. 10.00–17.00, Juli–Aug. bis 18.00 Uhr). Am Südufer des Luganer Sees (25 km südl.) erhebt sich der **Monte San Giorgo**, seit 2003 UNESCO-Weltnaturerbe dank der 230 bis 245 Millionen Jahre alten Versteinerungen. Unter den 10 000 Fossilien befindet sich ein Urahn der Krokodile. Das Fossilienmuseum im nahen **Meride** zeigt viele dieser Funde (tgl. 8.00 bis 18.00 Uhr).

Information

Lugano Turismo
Palazzo Civico, Riva Albertolli
6900 Lugano
Tel. 091/913 32 32
www.lugano-tourism.ch

Kochen im Bleniotal

Schon einmal Gierschsalat gegessen, Risotto aus drei Nesselsorten oder Wildkräuterdessert? Meret Bissegger, Köchin und Buchautorin, zeigt Gästen die Wildkräuter des Bleniotales und gibt ihre Küchengeheimnisse im Rahmen von Kursen weiter. Ebenfalls ein besonderer Genuss: die „Tavolata", eine Festtafel mit einer Fülle interessanter Gerichte.

Zwischen Lukmanierpass und Biasca erstreckt sich Valle di Blenio. Auf den ersten Blick gleicht es einer rauen Bergwelt, tatsächlich besitzt das Bleniotal dank seiner Nord-Süd-Orientierung die herrlichsten Sonnenhänge. In dieser vielfältigen Landschaft gedeihen zahlreiche Kräuter, die sich ideal zum Kochen eignen. Meret Bissegger befasst sich seit über 30 Jahren intensiv mit der Wildpflanzenküche. Im Frühling, wenn endlich wieder frisches Grün sprießt, nimmt sie die Kursteilnehmer mit ins Gelände, wo wild-aromatische Pflanzen wie Pippau, Rainkohl und Bärlauch wachsen. In ihrer großen Küche in Malvaglia zeigt sie, wie aus Gundelrebe köstliche Frischkäsebällchen werden, aus den vielen Kräutern Frühlingssalate zuzubereiten sind oder ein Risotto aus drei Nesselsorten.

Bärlauch wächst auch im Tessin.

Nach dem Kochen der Genuss

GENUSS BEI DER TAVOLATA

Ganz dem Zuschauen und Genießen kann man sich bei einer „Tavolata" hingeben: Meret Bissegger öffnet ihr Haus, die Gäste schauen ihr beim Kochen über die Schulter und lassen sich dann am großen Tisch Tessiner Köstlichkeiten auf der Zunge zergehen.

WEITERE INFORMATIONEN

· Adresse
Meret Bissegger
La Cucina Naturale
Casa Merogusto
6713 Malvaglia

· Tavolata
Mittag- oder Abendessen, Teilnahme nach Voranmeldung

· Kochkurse
je nach Jahreszeit rund um Kürbis, Kastanien, Kräuter; deutschsprachige Kurse sind 2- bis 3-tägig; frühzeitige Anmeldung ratsam! Unterkunft wird von der Veranstalterin organisiert

· *www.meretbissegger.ch*

Reich der Bergriesen

Nirgendwo sonst in den Alpen stehen so viele hohe Berge wie im Wallis. Der berühmteste unter den 41 Viertausendern ist das Matterhorn, der Berg der Berge, das internationale Symbol für die gesamten Alpen. Neben ewigem Schnee kennzeichnen Aprikosenblüten das Wallis. Es zählt zu den wärmsten Regionen der Schweiz, sogar Weinbau ist möglich.

Die wohl meistfotografierten Schafe der Welt grasen gelassen am Riffelsee in Sichtweite des Matterhorns.

Szenen aus der Walliser Bergwelt: Silberzöpfe des Wasserfalls von Pissevache nahe Martigny. Die Pyramide des Matterhorns bewacht Zermatt. Von 2. Februar bis Aschermittwoch treiben die Tschägättä im Lötschental um. Typische Walliser Chalets bei Zinal.

Urtümlich und still: das Lötschental

„Berge besteigen als Freizeitvergnügen – das erschien fast wie Gott versuchen."

Zermatt, das Matterhorn und der Große Aletschgletscher haben das Wallis weltberühmt gemacht. Den Lebensnerv des Kantons bildet jedoch die Rhone. Sie beginnt ihren 260 km langen Lauf durch die Schweiz hoch oben am Rhonegletscher, der sich zwischen Grimsel- und Furkapass drängt. Unter dem Namen Rotten durchfließt sie das malerische Hochtal des Goms, erhält Kraft durch Zufluss aus zahlreichen Seitentälern, darunter das einsame Binntal und das Lötschental, in dem zur Fasnachtszeit unheimliche Gestalten, die sogenannten Tschägättä, umgehen. Alte Traditionen spiegeln sich auch in den Bauernhäusern wider, kompakt gefügt aus widerstandsfähigem Lärchenholz. Kurz vor Sierre endet das deutschsprachige Wallis – im Valais spricht man Französisch.

DER BERG DER BERGE

200 Jahre lang kämpften Engländer, Deutsche und Amerikaner um die touristische Vorherrschaft in den Alpen. Der Sieger steht für Zermatt schon fest: es sind die Japaner. Als sichere Konstante zählen sie längst zur internationalen Fangemeinde, die das Matterhorn umlagert. Mehr aus Versehen als mit Absicht wird oft auch die unscheinbare Dufour-Spitze im Monte-Rosa-Massiv auf Film und Foto gebannt. Sie ist mit 4634 m der höchste Berg der Schweiz. Doch Inbegriff der Alpenberge bildet das 4478 m hohe Matterhorn, das wie ein Dolch am blauen Himmel kratzt. Seine einsame Schönheit ist der Maßstab, an dem sich alle anderen Berge messen lassen müssen; kein anderer steht so frei und unbedrängt im Meer der Viertausender. Bis ins 18. Jh. hinein allerdings bewunderte der Mensch die Berge nicht, sondern fürchtete sie. Das Ansinnen, einen der Schneeriesen besteigen zu wollen, löste nur Kopfschütteln aus. Was sollte man auch da oben? Nur Helden und Verrückte stellten sich dem Rachen aus Stein, dem Donnern der Wasserfälle, dem Wind, der in bösen Nächten wie ein Chor armer Seelen heult. Der heimische Hof, das Dörfchen mit seiner bimmelnden Kirche – wozu diesen sicheren Hort verlassen? Berge besteigen als Freizeitvergnügen – das erschien fast wie Gott versuchen. Und wehe dem, den der Berg rief.

STURM AUFS MATTERHORN

Die Engländer waren die ersten, die den Bann brachen und von 1850 an auf die Alpengipfel stürmten. 1865 setzte der erste Mensch seinen Fuß auf die Pyramidenspitze des Matterhorns. Am 14. Juli standen der Engländer Eduard Whymper und seine Landsleute Reverend Hudson, Lord Douglas, Robert Ha-

Der Große Aletschgletscher: An seinem Rand wirft sich das Eis in schroffen, teils meterhohen blauschimmernden Wellen auf. Wie ein gigantischer Fluss aus Eis schiebt er sich das Tal entlang.

Die Wanderung über den Aletschgletscher erfordert so manchen beherzten Schritt.

dow und drei Walliser Bergführer auf dem Gipfel. Doch der Tribut, den sie zollten, war hoch: Beim Abstieg stürzte einer der Bergsteiger: Whymper, Vater und Sohn Taugwalder haben den Sturz gehalten, aber das Seil zwischen Taugwalder senior und Hudson riss, und drei Engländer und der Walliser Croz stürzten in die Tiefe.

SCHÖNHEIT UND SCHRECKEN

Von unten betrachtet wirkt heute der Geist der Berge in die Knie gezwungen, fast gedemütigt, wenn an schönen Tagen die Bergsteiger Schlange stehen unterm Gipfel des Matterhorns. Doch jeder, der die Alpen kennt, weiß um ihre dunkle Seite, kann eine Geschichte vom Wetterumschwung erzählen, von plötzlichem Regen und schneidendem Eiswind, vom Nebel, der die Pfade verschlingt, von Müdigkeit und Erschöpfung und quälend weit entfernten Hütten. Aber weil die Zeiten andere geworden sind, ist der Blick auch frei für die Schönheit der Berge, den erhabenen Zusammenklang aus Stein, Schnee und Eis, hoch über allem, was Menschen kleinmachen kann, dem Himmel berauschend nah.

WEICHE KNIE AM ALETSCH

Es gibt Dinge, die muss man rasch tun, weil es sonst zu spät ist. Dazu gehört auch ein Besuch des Aletschgletschers. Er erstreckt sich wie eine Zunge aus Eis zwischen dem Jungfraugebiet und dem Walliser Städtchen Brig im Rhonetal. Weil das Klima sich erwärmt, schmilzt der größte Gletscher der Alpen rasend schnell. Noch ist eine eindrucksvolle Tour möglich. Sie beginnt an der Wiege des Gletschers am Jungfraujoch und begleitet den Strom aus Eis bis an sein Ende am Rhonetal. Unterhalb des Jungfraujochs dehnt sich ein Schneefeld voller Gletscherspalten aus. Unser Bergführer weiß die Zeichen im Schnee zu deuten, und wir umgehen die Spalten, sind auch alle angeseilt und bekommen trotzdem weiche Knie. Knöcheltief im

Wo die Rhone nach Norden schwenkt, liegt Martigny mit der markanten Burg La Batiaz.

Sion/Sitten ist die Hauptstadt des Wallis. Die romanische Allerheiligenkapelle geht auf das Jahr 1325 zurück.

Wanderungen rund um Saas Fee führen an interessanten Bauwerken vorbei: Solche Holzstadel dienten unter anderem für die Getreidelagerung.

Auch im Hochgebirge wachsen Blumen wie hier am Märjelensee zwischen Eggishorn und Strahlhorn auf 2348 m Höhe. Der See befindet sich in der Nähe des Aletschgletschers.

Schnee versinkend, durchwandern wir das Nährgebiet des Aletsch. Hier oberhalb von 3000 m schmilzt der frisch gefallene Schnee nicht, sondern wird vom nachfolgenden Schnee zugedeckt, vom steigenden Druck zu Eis gepresst und hangabwärts geschoben. Drei große Firnfelder nähren den Aletsch, der sich als 23 km langer Strom aus Eis dem Wallis entgegen schiebt, mit 200 m pro Jahr Höchstgeschwindigkeit. Am Ende des Tages haben wir die Konkordiaplatte erreicht, wo sich die Nährgebiete vereinigen. Einst lag die Konkordiahütte nur wenig oberhalb des Eises, doch heute müssen wir mit weichen Knien eine 80 m hohe Eisentreppe erklimmen, um unser Nachtlager zu erreichen. Der Gletscher schmilzt, und die Leiter wird synchron nach unten verlängert. Am nächsten Tag wandern wir auf dem Rücken des Gletschers, die Stiefel knirschen im grobkörnigen Eis, immer wieder weichen wir tiefen Spalten aus, blicken in lichtblaue Strudellöcher und hören in der Tiefe Wasser gurgeln. Zwei dunkle Streifen zieren den Aletsch wie einen Schlangenrücken. Es handelt sich um Mittelmoränen, die immer dann entstehen, wenn zwei Gletscher zusammenfließen und ihre Seitenmoränen vereinigen. Beim Aletsch fließen drei Firnfelder zusammen, das erzeugt zwei dieser Nahtstellen aus Geröll. Dem Bergwanderer bieten sie einen bequemen Spazierweg im Eis. Ganz am Rande hingegen, wo der Gletscher sich am Gebirge reibt, türmen sich meterhohe Eisberge auf, ein aufgepeitschtes, in Himmelblau erstarrtes Meer. Am Ende des 2. Tages ist wohlbehalten das Gletschertor des Aletsch erreicht und damit der Abschied vom größten Gletscher der Alpen und seinem ungewissen Schicksal.

DIE HUNDE MIT DEM FÄSSCHEN

Eines der beliebtesten Symbole der Schweizer Berge ist der Bernhardiner. Kein Andenkenladen, der diese zottigen Hunde mit dem Fässchen um den Hals nicht in Bild, Plüsch und Plastik zu bieten hätte. Der Bernhardiner erinnert an Zeiten, als man einem Lawinenunglück nicht viel mehr als eine gute Hundenase entgegenzusetzen hatte. Schon im 17. Jh. begannen die Mönche des Hospizes am Großen St. Bernhardpass, eine eigene Hunderasse zu züchten und diese zum Aufspüren von verschütteten Lawinenopfern und Säumern, die erschöpft im Schneesturm liegen geblieben waren, abzurichten. Die „Bernhardiner" standen in so hohem Ansehen, dass man ihnen sogar eine klösterliche Erziehung andichtete: So sollen die Tiere in einer Reihe brav und mit gesenktem Kopf vor ihrem Fressnapf verharrt haben, bis das Tischgebet der Mönche verklungen war. Ebenso zu Herzen gehend wie falsch ist auch die Vorstellung, die Bernhardiner seien alleine auf Patrouille geschickt worden mit einem Fässchen Rum um den Hals, um die halberfrorenen Lawinenopfer zu laben. Laut Marc Nussbaumer vom Naturhistorischen Museum Bern gab es zwar Hunde, die zum Lastentragen abgerichtet wurden und durchaus Körbe sowie kleine Fässer trugen, doch es handelte sich dabei nicht um Lawinenhunde. Für die wäre ein Fässchen nur hinderlich bei der Sucharbeit gewesen. Wie vielen Menschen die braven Tiere das Leben retteten, hat niemand gezählt. Über 40 Menschen soll allein

Mönche züchteten die ersten Lawinensuchhunde.

Immer aufwärts über den Hörnligrat: Aufs Matterhorn gelangt man am sichersten mit einem erfahrenen Bergführer.

Die Eringer Kühe von Aproz stehen im Ruf, kampflustig zu sein.

Gämsen sind nur schwer zu entdecken, so gut ist ihre Tarnung.

Special WALSER

Pioniere der Berge

In zahlreichen Regionen der Alpen trifft man auf Spuren der Walser. Dabei handelt es sich um eine alte Volksgruppe, die sich von den Alemannen herleitet. Teile ihrer Kultur, wie der Baustil der Häuser, prägen noch heute so manches Dorf.

Im 8. Jh. zogen Alemannen von ihrem Kernland an Bodensee und Zürichsee die Alpentäler hinauf, ließen sich auch an der jungen Rhone nieder und gingen als Walliser in die Schweizer Geschichte ein. Doch die Wanderungen waren noch nicht zu Ende: Weil die Walliser sich als erstklassige Kolonisten bewiesen, versprachen geistige und weltliche Herren ihnen guten Lohn in Form von Land und Abgabenfreiheit, sollten sie weitere Regionen erschließen. Die im 13. Jh. in die Mittel- und Ostschweiz, nach Vorarlberg und Tirol, in die Täler Norditaliens abwandernden Walliser tragen den Namen Walser. Ihren Kampf gegen die raue Bergwelt führten sie mit den immer gleichen Waffen: Sie brannten den Bergwald nieder und legten Almen und Felder an, gingen Unterholz und Gestrüpp mit Axt und Sense an die Wurzeln. Geblieben sind von ihnen die typischen Walserhäuser, während das Walserdeutsch immer weniger gesprochen wird. Eine Renaissance erfahren die Walser, seit das Wandern entlang alter Routen groß im Trend liegt. 850 km misst der Große Walserweg, der vom Wallis ins Kleinwalsertal führt.

Walserhäuser aus Lärchenholz in Ayer

Barry, Held unter den vierbeinigen Helden der Berge, aufgespürt haben. Barry, der 1814 starb, steht heute ausgestopft im Naturhistorischen Museum von Bern. Damit die Lieblinge der Gäste aus aller Welt nicht aussterben, hat seit 2005 eine Stiftung die Bernhardinerzucht übernommen. Ihr Name: „Barry du Grand-Saint-Bernard“.

KAMPF DER KÖNIGINNEN

Mutterland der Kuhringkämpfe ist das Wallis, wo seit 1922 die Kampfkühe in den Ring gehen. Den gewissen Schuss Kampfgeist, wie ihn spanische Stiere demonstrieren, hat sich nur die Eringer Rasse bewahrt. Sobald die Kühe nach der Winterpause hinaus auf die Almen gelassen werden, fechten sie die Rangordnung neu aus. Manche Hirten setzen viel Ehrgeiz dran, die stärksten Kühe der Herde herauszufinden, um dann in den kantonalen Wettkämpfen die Ehre der eigenen Alpe hochzuhalten. Stets herrscht bei diesen Kämpfen Volksfeststimmung, Wein und Bier fließen in Strömen, Blut hingegen nie, obwohl die rund 600 Kilo schweren Rindviecher sich auch mit den Hörnern traktieren: Unterlegene Tiere geben rasch auf und ziehen sich zurück. Über 10 000 Schaulustige treffen sich jährlich in Aproz bei Sion, wo das große Finale ausgefochten und die „Königin“ bestimmt wird.

INTERVIEW

Profi am Berg

Michael Kimmig ist Bergführer und begleitet Menschen aus aller Welt in den Schweizer Alpen. Ein Gespräch über seinen Berufsalltag, die Gefahren und die Zukunft der Berge.

Bergführer begleiten Touren aller Schwierigkeitsgrade und kennen die schönsten Ecken der Alpen.

Michael Kimmig ist seit 1990 diplomierter Bergführer und lebt mit seiner Familie in Ried-Mörel im Wallis. Unsere Autorin Dina Stahn traf ihn an einem strahlenden Wintertag auf der Riederalp unweit des Aletschgletschers.

Überdenkst Du im Vorfeld jede Tour neu?
Ich bin ja im ganzen Alpenraum unterwegs, und jede Tour ist anders. Selbst wenn sich die Strecke wiederholt, sind es immer andere Verhältnisse, andere Wetterbedingungen und andere Gäste. Wenn ich aber Touren in Gebiete führe, die ich selber noch nie bestiegen habe, studiere ich die Literatur und die Karten. Und, was für uns als Bergführer wichtig ist, Kollegen im ganzen Alpenraum zu haben, die man nach heiklen Punkten und Schlüsselstellen fragt. Da ist der Informationsaustausch unter den Berufsleuten wirklich sehr, sehr gut.

Dein Beruf ist ja ein gefährlicher Beruf.
Gefahren sind immer da. Vor allem im Winter gibt es Sachen, die heikel sein können, Lawinen zum Beispiel. Wenn man vernünftig und defensiv ist und die Spielregeln, die es in den Bergen gibt, einhält, kann man das Risiko auf ein vernünftiges Maß reduzieren. Grundsätzlich gilt: Wenn jemand ambitioniertere Ziele hat, ist es immer von Vorteil, privat einen Bergführer zu nehmen, der die Aufmerksamkeit ganz auf Können und Kondition dieses einen Gastes richten kann. Große Ziele sind nie Gruppentouren. Die Tour aufs Matterhorn zum Beispiel ist: ein Gast und ein Führer.

Mein Eindruck ist, dass die Berge doch ziemlich zugebaut sind ...
Ich könnte mit Dir wochenweise unterwegs sein, und wir würden kaum eine Seele sehen! Denn – wo gehen die Menschen hin? Genau dahin, wo es eine Bahn gibt. Wenn man ins Binntal hineingeht, trifft man sogar in der Hochsaison nur selten jemand. Wenn man aber ein Matterhorn nimmt oder andere klingende Namen, da sind die Zugänge erleichtert, und da sind dann auch viele Menschen!

Hast Du Sorge, dass Dir die Alpen wegschmelzen und wegbröckeln?
Die Alpen verändern sich, an manchen Orten nehmen Steinschläge zu, an anderen aber ab, weil es wieder stabiler wird. Die Veränderungen sind da, und wir müssen damit leben und umgehen. Die Menschheit sollte alles daran setzen, dass die Technologien in Richtung alternative Energien usw. gehen. Aber wer weiß, irgendwann werden alle Erdsonden haben und Wärmepumpen, und dann wird man vielleicht sehen, dass das an anderen Stellen Probleme macht.

Sind die Berge etwas, was erobert werden muss?
Also erobern möchte ich die nicht. Ich bin nicht im Krieg mit denen. Sie sind mal freundlich und mal unfreundlich. Eigentlich wie die Menschen. Und beide Gesichter haben ihren Reiz.

BERN
Neuenburg
Lac de Neuchâtel
Yverdon-les-Bains
Grandson
Payerne
Avenches
Murten
Fribourg (Freiburg)
Köniz
Muri
Thun
Steffisburg
Thunersee
Brienzer See
Interlaken
Sarnen
Altdorf
Urner Alpen
Bern
Berner Alpen
Freiburger Alpen
Bulle
Gruyères
Romont
Moudon
Prilly
Morges
LAUSANNE
Lac Léman
Le Léman
Vevey
Montreux
Chillon
Évian-les-Bains
Monthey
Martigny
Sion (Sitten)
Sierre
Leuk
Visp
Brig
Zermatt
Matterhorn
M.te Cervino
Gornergrat
Saas Fee
Simplonpass
Domodóssola
Verbània
Omegna
Stresa
Isole Borromee
Lago Maggiore
Grimselpass
Furkapass
Sustenpass
St. Gotthard
Airolo
Aletschgletscher
Jungfrau-Aletsch-Bietschhorn-gebiet
Jungfraujoch
Eiger
Mönch
Grindelwald
Wengen
Mürren
Lötschberg-basistunnel
Kandersteg
Adelboden
Gstaad
Saanen
Château-d'Oex
Les Diablerets
Aigle
Leysin
Bex
Dents du Midi
Grd. Combin
Col du Grand St.Bernard
Colle del Gran San Bernardo
Chamonix-Mont-Blanc
Mont Blanc
Tunnel du Mt Blanc
Cluses
Walliser Alpen
Wallis / Valais
Goms
Pyramides
Valle Anzasca
Cusio
Ossola
Verbano
01
02
03
04
Maßstab 1:650.000

Infos

Im Schatten des Matterhorns

Mit Matterhorn und Aletschgletscher besitzt das Wallis zwei der ganz großen Attraktionen der Schweiz. Hier kann man entweder selbst wandern und klettern oder die perfekte Infrastruktur aus Bergbahnen und anderen Shuttles nutzen. In der französischen Schweiz versteht man sich auch auf kulinarische Genüsse. Dies zeigen die hervorragenden Weine, die um Sion herum angebaut und verkostet werden sowie die Küche, die mehr als Raclette bietet.

01 BRIG

Schon 1215 streifte die alte Handelsroute über den Simplonpass Brig (12 000 Einw.). Heute treffen sich hier die Straßen von Simplon, Furka, Grimsel und Nufenen, entsprechend verkehrsreich ist das Gebiet.

Sehenswert

Erfolgreichster Kaufmann seiner Zeit war Kaspar Jodok von Stockalper (1609–1691), der den gesamten Salzhandel an sich zog. Er saß allerdings nicht auf seinen Geldsäcken wie Dagobert Duck, sondern betätigte sich als Mäzen und Förderer der (barocken) Kirchenkunst. Zudem ließ er das größte und schönste barocke Palais der Schweiz errichten. Drei Türme mit vergoldeten Zwiebelhauben kennzeichnen den 1658–1678 errichteten **Stockalper-Palast**. In dem vierstöckigen Gebäude sind die um den Hof laufenden Arkadengänge besonders apart und verweisen auf des Bauherren Vorliebe für die Toskana. Ein kleines Museum informiert über den erfolgreichen Kaufmann (Mai–Okt. Di.–So. 9.30–16.30 Uhr). Weil die Innenausstattung besonders prachtvoll ist, lohnt sich der Weg in den Ortsteil Glis zur **Wallfahrtskirche Unserer lieben Frau**. Den Hauptaltar gestaltete H. Isenhut (1480).

> **Tipp**
>
> ### Fahrt im Glacier-Express
>
> Legendär ist die Fahrt mit dem Glacier-Express von Zermatt nach St. Moritz (oder umgekehrt). Die Bahn windet sich 291 km durch eine grandiose Bergwelt und überwindet den Alpenhauptkamm. 91 Tunnel und 291 Brücken und Viadukte mussten für die Schmalspurbahn gebaut werden, die 1930 erstmals auf dieser Strecke Wallis und Engadin verband. Höchster Punkt ist der Oberalppass auf 2033 m Höhe. In der Rheintalschlucht genießen die Zugfahrer ein atemberaubendes Panorama, während die Autos viel weiter oben auf einer langweiligen Betonpiste dahinrasen.
>
> *Infos unter www.glacierexpress.ch*

Aktivitäten

Wie mühsam der Transport von Waren über den Simplonpass war, kann man auf dem **Stockalper-Weg** nachempfinden. Er führt von Brig nach Gondo, das am Grunde einer 800 m tiefen Schlucht liegt, die sich die Diveria gegraben hat. Nach der dreitägigen Tour kann man müde Beine im **Thermalbad** von Brigerbad ausruhen.

Restaurants

Die **Walliser Weinstube** veranstaltet zweimal die Woche einen Racletteabend und hat mit Cholera (Gemüsekuchen) ein typisches Gommer Gericht im Angebot (Bahnhofstr. 9, Tel. 027/923 14 28).
Das höchste Drehrestaurant der Welt **„THE TOP"** befindet sich auf der Bergstation Mittelallalin (3500 m). Fantastischer Rundum-Blick auf das Alpenpanorama (Saas-Fee, Tel. 027/957 17 71, www.drehrestaurant-allalin.ch).

Umgebung

Nahe Brig endet der ▶TOPZIEL **Große Aletschgletscher** (s. S. 99). Die benachbarte **Riederalp** (20 km nördl.), eine Ansammlung von Häusern, Hotels und Restaurants, ist autofrei, nur mit Gondel zu erreichen und verfügt über den höchstgelegenen Golfplatz der Schweiz. Im Pro Natura Zentrum in der Villa Cassel gibt es ein Museum mit Alpenrosengarten (Mitte Juni–Mitte Okt. tgl. 9.00–18.00 Uhr). Rhoneabwärts stößt man zunächst auf Visp (9 km südl.). Immer aufwärts schlängelt sich die Straße von Visp nach **Visptерminen**. Dort wächst auf 1150 m Höhe noch Wein: Es sind die höchstgelegenen Reben in Europa. In **Raron** (14 km westl.) sieht man weinende Frauen in wallenden Gewändern, die sich wehklagend über ein Grab werfen, heute nur noch selten. Nach dem Tod des hier bestatteten Dichters Rainer Maria Rilke (1875–1926) war der Schmerz seiner weiblichen Fans jedoch lange sehr groß. Das Grab Rilkes liegt auf dem Friedhof der Kirche St. Romanus. In der Kirche stellt das größte Fresko (1512) der Schweiz auf 8 x 12 m den Jüngsten Tag in allen Einzelheiten vor. **Saas Fee** (36 km südl.) ist autofrei und sieht sich von 13 Viertausendern umkränzt. Es bestehen hervorragende Wintersportmöglichkeiten! Auch Ungeübte können hier Viertausender erobern: Man nimmt den „Alpin-Express" von Saas Fee bis Felskin (14 min.), von dort die „Metro-Alpin" bis Mittelallalin (4 min.; Bahnen Juli–Mitte Nov.). Von Mittelallalin ist es kinderleicht, auf den Hausberg von Saas Fee, das 4027 m hohe Allalinhorn, zu kraxeln.

Der Stockalper-Palast in Brig

Information

Brig Belalp Tourismus
Bahnhofplatz 1, 3900 Brig
Tel. 027/921 60 30
www.brig-belalp.ch

02 ZERMATT

1850 entdeckten die Engländer das winzige Nest am Fuße des Matterhorns. Die ersten Ski sichtete man in Zermatt 1898. Heute ist der Ort (6000 Einw.) autofrei: Elektromobile, Zug und Pferdekutschen bringen die Gäste von Täsch aus in ihre Quartiere. Bergeinsamkeit ist nicht angesagt im beliebtesten Rummelplatz der Alpen, dafür Après-Ski, babylonische Sprachverwirrungen, Sekt und Schampus. Wer sich hervortun will, könnte außer dem Matterhorn, das jeder Flachlandtiroler auf Anhieb erkennt, auch noch die Namen der 29 benachbarten Viertausender lässig ins Gespräch einflechten.

Sehenswert

Pulsierende Hauptschlagader ist die **Bahnhofstraße**: Edle Geschäfte wechseln hier mit nicht weniger edlen Restaurants, netten Cafés und mit urigen Walserhäusern ab. Im Übrigen beweist der Ort an vielen Stellen, wie schlecht sich überdimensionierte Betonherbergen ins Bergpanorama fügen. Wenigstens ist die Landschaft besonders schön. Schon mal den Ruf „Riiiiiicola!" gehört? Welche Zutaten in den berühmten Schweizer Kräuterbonbons stecken, verrät ein Spaziergang in den **Ricola Kräutergarten** im nahe gelegenen Blatten.

Museum

Den Wettlauf aufs Matterhorn dokumentiert das **Matterhorn Museum „Zermatlantis"** (tgl. Mitte Dez.–Ostern 15.00–19.00, Ostern bis Okt. 14.00–18.00, Juli–Sept. schon ab 11.00 Uhr, Nov.–Mitte Dez. geschl.). Berührendere Informationen über die z.T. grausamen Folgen des menschlichen Gipfelsturms bietet der **Friedhof**.

Übernachten

20 Min. vom Zentrum entfernt liegen die beiden Holzchalets des **Hotels Matthiol.** Sehr geschmackvolle Zimmer (DZ im Sommer ab 300 CHF, im Winter ab 450 CHF, Moosstr. 40, Tel. 041/27 968 17 17, www.matthiol.ch).
Hightech für Alpinisten: die **Neue Monte Rosa Hütte**. Das 2009 eröffnete Berghaus „Bergkristall" oberhalb von Zermatt produziert 90 % seiner Energie selbst (Anmeldung: www.neuemonterosahuette.ch).

Aktivitäten

Rund 2500 Menschen nehmen jährlich das ▶TOPZIEL **Matterhorn** in Angriff, die meisten geben unterwegs auf. Schon seine Erstbesteigung hat der Berg der Berge übel genommen und noch immer kommen Jahr für Jahr Menschen ums Leben beim Versuch, den Gipfel zu bezwingen. Am besten einen Bergführer anheuern. **Helikopter-Flüge** rund ums Matterhorn bietet das Alpincenter an, wo Normalverdiener auch nur eine Tour zum Gornergrat oder **Ski- und Snowboardkurse** buchen können. Die beste Sicht aufs Matterhorn und die ihn umgebende Gletscherwelt bietet der **Gornergrat** (3135 m), den man mit der Zahnradbahn erreicht – eine unvergessliche Fahrt, besonders zu den Sonnenaufgangsterminen. Ein bequemer Gipfelsturm: Mit der Gondelbahn lässt man sich zum Trockenen Steg bringen, genießt den Blick aufs Matterhorn im großen Kreise Gleichgesinnter, nimmt eine Stärkung, um sodann mit der höchsten Luftseilbahn Europas das **Klein Matterhorn** zu bezwingen. Ein Lift katapultiert die Bergsteiger zu guter Letzt zum Gipfelkreuz auf 3883 m.

Information

Zermatt Tourismus
Bahnhofplatz 5, 3920 Zermatt
Tel. 027/966 81 00
www.zermatt.ch

03 SION/SITTEN

Noch Fragen zum Walliser Wein? Dann sollte man sie hier stellen, denn in Sion (30 000 Einw.) ist sein Mekka, wie die zahlreichen Weinberge beweisen. Um 570 avancierte die Stadt zum Bischofssitz, wurde ein wichtiger Handelsplatz und Mittelpunkt der gesamten Region.

Blick in die Straßen von Zermatt

Sehenswert

Spötter behaupten, noch heute würde Sion so tun, als stünden die Sarazenen vor den Mauern – so gut erhalten ist das **mittelalterliche Ensemble** aus Burgen und Zinnen. Besonders wehrhaft wirkt die Stadt nachts. Dann sind die Ruinen von Tourbillon und Valère hoch auf ihren Hügeln recht eindrucksvoll beleuchtet. **Tourbillon** wurde im 13. Jh. erbaut, war Sommerresidenz der Bischöfe und fiel 1788 einer Feuersbrunst zum Opfer (toller Ausblick! Mitte März–Mitte Nov. Di.–So. 10.00–18.00 Uhr). Die **Kirche** von Valère (Basilique de Valère) wurde im 12. Jh. auf römischen Grundmauern errichtet. Als noch älteste bespielbare Orgel der Welt (1435) gilt die hier eingebaute Schwalbennest-Orgel. Drittes Großbauwerk im Bunde ist **Notre-Dame-du-Glarier** (12. Jh.) in der Stadtmitte. Im angeschlossenen Musée de L'Evêché kann man einen Blick auf den Kirchenschatz werfen (Ende Juni–Anf. Okt. Mo.–Sa. 14.00 bis 17.00 Uhr).

Umgebung

Ab **Sierre** (17 km nördl.) wird französisch gesprochen. Nirgendwo sonst in der Schweiz kommen mehr Sonnenstunden zusammen, was den Weinen zu Weltklasse verhilft. Jährlich am ersten Wochenende im September findet die große Weinmesse Vinea statt. Einen Besuch wert ist auch das Walliser Reb- und Weinbaumuseum „Zumofenhaus" in Salgesch (April bis Okt. Di.–So. 14.00–17.00, Nov–Dez., März Fr.–So. 14.00–17.00 Uhr). Zwischen Visp und Sierre zweigt das **Lötschental** in nordöstlicher Richtung ab (40 km östl.). Seine Blumenwiesen und Wandergebiete zählen immer noch zu den Geheimtipps. Zwischen Maria Lichtmess (2. Februar) und Aschermittwoch machen die ziemlich gruselig aussehenden Tschägätta die Gegend unsicher. Meist samstags, denn auch Maskenträger müssen irgendwann ihr Geld verdienen. **Leukerbad** (40 km nördl.) betreibt nicht nur ein Bad, sondern 22! Sie bieten heute zu Füßen der Daubenhornwand wohliges Thermalwasser und alle erdenklichen Wellness-Dienste. An Vollmond hat die Lindner Alpentherme auch nachts geöffnet.

Information

Office du Tourisme
Place de la Planta, 1950 Sion
Tel. 027/327 77 27
www.siontourism.ch

04 MARTIGNY

Wo die Rhone eine scharfe Kurve nimmt, um dem Genfer See zuzuströmen, legten schon Römer eine erste Siedlung an. Seit dem 4. Jh. war Martigny (16 000 Einw.) Bischofssitz und Zentrum der Region. Der Stadtkern ist recht hübsch, auch wenn die Neuzeit die üblichen Bausünden auf sich geladen hat.

Museen

Wichtigste Sehenswürdigkeit ist die **Fondation Pierre Gianadda**, die mehrere Museen vereinigt (Juni–Nov. tgl. 9.00–19.00, Dez.–Mai tgl. 10.00–18.00 Uhr). Das **Museum Bernhardinerhunde** bietet umfassende Infos rund um die berühmten Lawinensuchhunde (tgl. 10.00 bis 18.00 Uhr).

Tipp

Walliser Weine

Als gesuchte Rarität des Wallis gelten die Marsanne-Ermitage-Weißweine, die sehr alterungsfähig sind. Typisch für diese trockenen Weißen ist ihr nussiger Geschmack. Berühmt ist das Wallis auch für die edelsüße Variante des Marsanne, die sehr lange gelagert werden kann. Unter 400 Walliser Weinen auswählen können Sie z.B. in der Önothek der Gemeinde Leytron, 16 km westlich von Sion, oder in der Önothek des Château de Villa in Sierre.

Önothek de Leytron, Tel. 027/307 13 30
Önothek des Château de Villa, (nahe dem Bahnhof von Sierre), Tel. 027/456 24 29

Umgebung

Von Martigny erreicht man nach 45 km den **Großen St.-Bernhard-Pass**, wo einst die Mönche auf 2489 m Höhe ein Hospiz einrichteten und Bernhardiner züchteten. Seit 2005 hat eine Stiftung diese Aufgabe übernommen. Im Sommer sind zum Anschauen immer ein paar Hunde vor Ort. Um **Saint-Maurice,** 25 km vom Genfer See, dehnt sich das Hauptanbaugebiet für Aprikosen aus. Die Abtei des Ortes (Abbaye de Saint-Maurice), um 515 von Burgunderkönig Sigismund errichtet, gilt als ältestes Kloster des Landes. Ältestes Bauwerk des Bezirks ist eine Theodorskapelle aus dem 4. Jh. Der Basilika (1627) gingen sechs Bauten aus verschiedenen Epochen voraus. Eine Panzertür schließt die Schatzkammer des Klosters ab, wo als Stiftschatz viele weltberühmte Zeugnisse mittelalterlicher Goldschmiedekunst lagern (Führungen Jan.–Juni u. Sept.–Okt. 14.45, Juli–Aug. 10.30, 14.00 und 15.15 Uhr; Info unter Tel. 024/486 04 04).

Information

Office Régional du Tourisme
Avenue de la Gare 6, 1920 Martigny
Tel. 027/720 49 49, www.martigny.com

DuMont Aktiv

Über den Gletscher

Nahe Brig endet der Große Aletschgletscher. Er ist Teil des UNESCO-Weltnaturerbes Jungfrau-Aletsch-Bietschhorn. Eine dreitägige Tour führt vom Jungfraujoch aus über den gesamten Gletscher. Zum Schluss winkt ein Besuch im Aletschwald.

Diese Tour beginnt schon bei der Anfahrt mit einem Erlebnis: Interlaken-Ost und das Jungfraujoch trennt ein 3000-m-Sprung! Dort droben ist die Luft sehr dünn, man sollte also eine Akklimatisierungs-Pause einplanen, bevor die Gruppe sich anseilt und die Gletschertour beginnt. Sie dauert drei Tage und wird begleitet von Ruhe und Sicherheit ausstrahlenden Bergführern und, im Falle der Pro-Natur-Tour, von kompetenten Naturschützern. Man muss kein Bergsteiger sein, aber Kondition für 4- bis 10-stündige Tagesmärsche mitbringen. Das Seil ist nur am ersten Tag dort nötig, wo Gletscherspalten drohen. Übernachtet wird in der Konkordiahütte. Am Folgetag steht eine bequeme Wanderung über den breiten Rücken des Aletsch an bis zum Gletscherende und zur gemütlichen Villa Cassel. Der dritte Tag gilt einer Wanderung zum Gletschertor und durch den Aletschwald. Ein Traum, wenn im Juni die Alpenrosen ihre roten Teppiche ausbreiten. Er ist seit 1933 Naturschutzgebiet. Die ältesten Bäume der Schweiz – knorrige Lärchen, Fichten und Arven – bilden eine imposante Leibgarde für den Aletsch.

Bequem am Gletscher entlang

Bergwelt hautnah in Zelt oder Hütte

WEITERE INFORMATIONEN

· Tourveranstalter:
Pro Natura Zentrum Aletsch
Villa Cassel, 3987 Riederalp
Tel. 027/928 62 20
Übernachtung: Konkordiahütte, Villa Cassel (Mehrbettzimmer)
Preis 420–440 CHF p. Person
www.pronatura.ch/aletsch

· Anfahrt:
über Interlaken-Ost via Grindelwald oder Lauterbrunnen aufs Jungfraujoch; Fahrtzeit ca. 2,5 Std. Die Jungfraubahn ist sehr teuer! (Stand 2010: 107,40 CHF)

Fahrplan: www.jungfrau.ch

Jenseits des Röstigrabens

Die internationalste Stadt der Schweiz ist Genf und ihr See zählt zu den größten Europas. Rundherum erstreckt sich die französische Schweiz, die am Besten Anteil hat, was das Land bietet: Hohe Berge, mehrere Seen, sogar flaches Land. Auch Grundsteine wirtschaftlichen Erfolges wurden hier gelegt, liegt doch in den Tälern des Jura die Wiege des Schweizer Uhrenhandwerkes.

Château Chillon am Genfer See wird regelmäßig gestürmt: Kein anderes historisches Gebäude der Schweiz verzeichnet so viele Besucher.

Augenblicke in Genf: Der Jet d'eau wirft sein Wasser in den Himmel. Abendstimmung am blumengeschmückten Brunnen auf der Place du Bourg-de-Four nahe der Kathedrale. Brücken gehören am Genfer See zum Alltag, darunter viele kleine, feine wie die in Lutry.

Frankreich ist sehr nahe, nicht nur räumlich, auch in der Sprache. Diese Genfer Altstadtgasse führt geradewegs auf eine „boulangerie" zu.

„Diplomaten steigen aus dunklen Limousinen, im Kasino trifft man Glücksritter aus aller Herren Länder."

Von den vielen Grenzen, die die Schweiz durchziehen, ist der „Röstigraben" der markanteste: Er trennt die Deutschschweiz von der Suisse Romande im Westen, wo man französisch spricht. Statt „Grüezi" heißt es nun „Bonjour". Eine gewisse Lässigkeit, das typisch französische Savoir-vivre prägt das Leben in der Romandie, die zusammen mit dem Wallis auch Welsche Schweiz genannt wird.

ASKETISCHER KOSMOPOLIT

Genf gilt als Stadt der Abkürzungen: Hier haben WHO, UNO und weitere 250 Organisationen aus aller Welt ihren Sitz, und jede führt ein anderes Kürzel. Täglich strömen Tausende Pendler aus Frankreich in die Metropole, wo die Gehälter höher sind und die Posten renommierter. Touristenscharen flanieren an der Seepromenade, distinguierte Diplomaten steigen aus dunklen Limousinen, im Kasino trifft man Glücksritter aus aller Herren Länder – und das alles in der Stadt des Jean Calvin. Der große Reformator, der von 1536 an 20 Jahre lange in Genf wirkte, propagierte Disziplin, Fleiß und Sparsamkeit und Askese in allen Lebenslagen. Tatsächlich wirkt Genf auf den ersten Blick bescheiden. Die Häuser sind groß, aber nüchtern, die Straßen nur dezent mit Blumen geschmückt. Doch damit ist die Genussfeindlichkeit auch schon vorbei. Prachtvoll schießt der Jet d'eau, eine 140 m hohe Fontäne, aus dem Genfer See, und in den „Rue Basses" – Rue du Rhone, de la Confédération, du Marché, de la Croix-Rouge – reihen sich die Luxusläden und Uhrengeschäfte. Auch die in Genf gegründete Firma Davidoff hat hier ihren Hauptsitz und präsentiert dem staunenden Publikum eine Welt erlesener Zigarren, edler Humidore und was der Raucher sonst so braucht. Eine neue Dimension fleischlicher Genüsse hingegen eröffnet Metzger Molard mit seinen unschlagbaren Spezialitäten. Den größten Pluspunkt von Genf kann man genießen, ohne tief in die Tasche zu greifen: die unvergleichlich traumhafte Lage am Fuße der Alpen und am Genfer See. Mit 585 km² Fläche ist er noch vor dem Bodensee (542 km²) der zweitgrößte See Mitteleuropas.

ROCK, RAUCH UND REBEN

Lac Léman nennen die französisch Sprechenden diesen See, ein Name, der aus dem Keltischen stammt. Die deutschsprachige Welt spricht vom Genfer See. Wie die Perlen einer Kette reihen sich an seinem Ufer die freundlichen Orte Nyon, Rolle und Morges, die ganz zu Unrecht von den meisten links liegen gelassen werden. Im Hinterland überziehen hervorragende Reblagen die

Lausanne liegt am Nordufer des Genfer Sees. Im Hafenviertel Ouchy ankern die Fischerboote und Jachten.

Unweit der Einmündung der Rhone in den Genfer See erhebt sich Schloss Aigle vor der Alpenkulisse.

Wein gedeiht auch in St. Saphorin am Genfer See.

Oberhalb von Aigle liegt La Berneuse, das einen zauberhaften Blick aufs Rhonetal gewährt.

Special UHRENINDUSTRIE

Mit Swatch aus der Krise

Angeblich war Jean Calvin schuld: Der Reformator verbot das Tragen von Schmuck, verlangte aber Pünktlichkeit. Was lag also näher, als Uhren herzustellen und diese nebenbei ein kleines bisschen zu schmücken?
Anfangs verfuhr man, wie es heute China praktiziert: Raubkopien von englischen und französischen Modellen füllten die Kassen, und als die Uhrmacher den Dreh heraushatten, begannen sie mit eigenen Entwicklungen. Im Genfer Umland gab es eine Fülle kleinster Werkstätten, die in Heimarbeit Einzelteile fertigten, welche in Genf zusammengebaut wurden. Bis ins 20. Jh. klingelten die Kassen, doch dann brach aufgrund gravierender Fehleinschätzungen der gesamte heimische Uhrenmarkt ein: 1967 entwickelten die Schweizer zwar in Neuenburg die erste Quarzuhr, verschliefen aber den Einstieg in die Großproduktion.
Von 1970 an überschwemmten billige Quarzuhren aus Fernost den Markt. Die Schweizer Uhrmacher stürzten in ihre tiefste Krise. Jeder zweite Uhrenhersteller machte dicht, Omega und Tissot standen kurz vor dem Verkauf. Als die Zeiger schon auf fünf vor Zwölf standen, gelang der große Coup: Mit der Swatch etablierten die Schweizer ihre Uhren als Modeaccessoir und verbanden hervorragende Qualität mit einem günstigen Preis. Seit 1995 gilt die Krise als überwunden.

sanften Hügel, und zu den schönsten Momenten gehört es, am Abend mit einem guten Glas Weißwein auf den See und die Hochsavoyer Alpen zu blicken. Lausanne ist die Königin der „Schweizer Riviera“. Sie umgibt sich mit einem Mantel aus Weinbergen und ihr zu Füßen liegt der See. Im Herzen der Stadt erhebt sich die Kathedrale Notre-Dame, der bedeutendste Bau der Frühgotik der Schweiz, leicht erkennbar an ihrem markanten Turm. Sehr touristisch geprägt sind die beiden Städte am Ostzipfel des Sees: Vevey und Montreux, das Schauplatz eines berühmten Jazzfestivals ist. Als hier 1971 Frank Zappa auftrat, brach ein großer Brand aus, und eine Rauchwolke breitete sich über dem Genfer See. Dies inspirierte die Rockband Deep Purple, die an diesem Tag ihr neues Album in Montreux aufnahm, zu ihrem Song „Smoke on the Water“.

STURM UND DRANG IN CHILLON

Der Schweiz berühmtester Berg ist das Matterhorn, als berühmteste Burg gilt Château Chillon bei Montreux. Malerisch erhebt sich die Wasserburg aus dem Genfer See. Einst kontrollierten von Chillon aus die Grafen von Savoyen die genau hier vorbeilaufende Handelsroute vom Burgund über das Wallis nach Italien und verdienten mit Zöllen ein Vermögen. Unruhige Zeiten brachen im 16. Jh. an. Der Genfer Prediger François Bonivard, ein Anhänger der Reformation, stachelte zum Widerstand gegen Savoyen auf und wurde 1532 prompt eingekerkert. Vier Jahre lang schmachtete er, an eine Säule gekettet, im Verlies von Chillon, bis 1536 die Berner, Erzfeinde derer von Savoyen, das Schloss eroberten. Sie befreiten den Gefangenen und okkupierten bei der Gelegenheit gleich das ganze Waadtland. Im 18. Jh. fand Jean-Jacques Rousseau in der Gegend um Montreux sein Ideal der freien Natur und ließ hier seinen Roman „Julie ou La Nouvelle Heloïse“ spielen. Chillon wurde dadurch auf einen Schlag berühmt und übte auf viele der

Lausanne schmückt sich mit der Kathedrale Notre Dame.

Auch im Kleinen werden die Vorzüge von Lausanne offenbar, wie hier in einem Straßencafé am Place de la Palud.

Einmal pro Jahr blickt der ganze Genfer See auf Montreux, wenn beim Jazz Festival internationale Größen auftreten.

Das mondäne Montreux schmückt sich mit prächtigen Hotels aus der Belle Èpoche. Zwischen der Stadt und Vevey erstreckt sich eine der schönsten Seepromenaden des Landes.

„Lausanne gilt als die Königin der Schweizer Riviera.“

Schwieriger Brückenschlag über die Schlucht der Areuse

Zu den Besonderheiten des Jura gehören Tropfsteinhöhlen, hier die Grotte de l'Orbe.

Cascade de Môtiers: Schon Jean-Jacques Rousseau bestaunte den Wasserfall.

Auch ohne Hochgebirge gute Aussicht: Blick auf den Felszirkus Creux-du-Van und die typische Karstlandschaft des Jura

Romantiker dieser Epoche eine magische Wirkung aus. Auch Lord Byron verschlug es in seiner Sturm- und Drangphase hierher. Ergriffen vom Schicksal des unglücklichen Bonivard, schrieb er 1816 sein berühmtes Gedicht „Der Gefangene von Chillon“ – und ritzte bei der Gelegenheit gleich noch seinen eigenen Namen in eine der Kerkersäulen.

HERBE SCHÖNHEITEN

Als Oase der Ruhe und Balsam für überreizte Sinne könnte man das Land um Neuenburg bewerben: Sanfte Hügel, Salatfelder, Wald und Wiesengrün prägen das Bild, kein Viertausender verstellt den Blick. Die Berner Alpen schrumpfen zu einer fernen Kulisse am Horizont. In den frühen Morgenstunden liegt der Neuenburger See im tiefsten Frieden, nichts lässt seine spiegelglatte Oberfläche erzittern.

Westlich von Genfer, Neuenburger und Bieler See kommt Bewegung ins Relief. Hier wölbt sich der Schweizer Jura auf. Über die waldigen Höhen pfeift mitunter kalter Wind. Das tut der herben Schönheit dieses Kalkgebirges aber keinen Abbruch. Wie in allen Karstlandschaften schuf das Wasser Tropfsteinhöhlen, zum Beispiel die Grotte von Orbe. Ein besonderes Kleinod ist die Orbe-Karstquelle bei Vallorbe nördlich von Lausanne. Typisch für die Juralandschaft sind markante Felsenkunstwerke, allen voran die Gorges de l'Areuse und der Felsenkessel Creux-du-Van im Neuenburger Jura.

Doch Naturschönheiten allein haben die Menschen noch nie satt gemacht. Im 16. Jh. besserten sich die Jurabauern ihr Einkommen durch Uhrmacherei auf und legten in den Hochtälern zwischen Vallée de Joux und Chaux-de-Fonds den Grundstein für die Schweizer Uhrenindustrie. Namhafte Werkstätten haben noch heute hier ihren Sitz, und die Museen in La Chaux-de-Fonds und Le Locle stellen faszinierende Beispiele dieses Präzisionshandwerks aus.

Der zarte Schmelz

Die Schweizer sind Weltmeister im Schokoladekonsum. Doch sie begnügen sich nicht mit dem Herstellen und Verzehren. Sie erfanden auch die wichtigsten Methoden der Schokoladenzubereitung.

In den Pralinées und Trüffeln offenbart sich die Meisterschaft der Chocolatiers.

Der Leidenschaft der Engländer für Berge ist es zu verdanken, dass die Schweizer Schokolade so berühmt wurde. Als im Gefolge der ersten Alpinisten Ende des 19. Jahrhunderts auch der Tourismus zaghaft einsetzte, lernten die Gäste außer dem Matterhorn auch die Schweizer Schokolade kennen. Diese schmeckte nicht nur vor Ort, sondern entpuppte sich als das perfekte Souvenir. Noch heute gehört Schweizer Schokolade zu den beliebtesten Mitbringseln, und man vermutet, dass die ausländischen Gäste nicht ganz unschuldig am exorbitanten nationalen Schokoladenkonsum sind: 11,7 kg gehen hier pro Kopf und Jahr über die Ladentheke. Damit sind die Schweizer Weltmeister im Schokolade-Essen.

DIE SCHWEIZ WIRD SCHOKOLAND

Die südamerikanischen Maya und Azteken kultivierten schon um 600 v. Chr. Kakao im großen Stil und stellten daraus „Xocolatl" her, ein tiefdunkles Luxusgetränk für besonders hohe Anlässe. Als die spanischen Eroberer neben ganzen Schiffsladungen von Gold auch Kakaobohnen in die Alte Welt brachten, riss sich bald halb Europa um das neuartige Getränk. Im strengen Zürich hingegen verhielt man sich zurückhaltend und verbot 1772 den Genuss von Schokolade der guten Sitten wegen – galt sie doch auch als Aphrodisiakum. Das Verbot ließ sich freilich nicht durchhalten. 1819 eröffnete Francois-Louis Cailler in Vervey die erste Schokoladenmanufaktur auf Schweizer Boden, die

Die Schweizer Verführungen: Schokolade in allen Variationen oder Spezialitäten wie die Engadiner Nusstorte

nicht sofort wieder Pleite ging. Es folgten u.a. Philippe Suchard in Neuenburg (1825) und Rudolf Sprüngli in Zürich (1845). 1847 war ein wichtiges Jahr: Damals gelang es den Briten (Fry & Sons) Schokolade von der flüssigen in eine feste Form zu überführen und die erste Tafel Schokolade herzustellen. Doch dann mischten sich die Schweizer in die Geschichte der Schokolade ein: 1870 versetzte Schokoladenfabrikant Daniel Peters seine Schokolade mit dem gerade mal drei Jahre vorher von einem gewissen Henri Nestlé erfundenen Milchpulver – die Milchschokolade war geboren. Das erwies sich als Glücksfall für Schoko-Freunde wie auch für die Schweizer Bauern, denen sich ein neuer Milch-Absatzmarkt eröffnete. Rodolphe Lindt, seit 1879 Schokoladenfabrikant zu Bern, gelang der vielleicht größte Geniestreich – ob gezielt oder aus Versehen, weiß man heute nicht mehr so genau.

DURCHBRUCH NACH 72 STUNDEN

Zuvor ein kurzer Blick in die Schokoladenherstellung: Alle Chocolatiers mischen, um aus Kakaopulver Schokolade herzustellen, das Pulver mit Kakaobutter, Zucker und Milchpulver und rühren die Mischung. Diese Masse enthielt zu Lindts Zeiten aber Wasser in so großer Menge, dass der Zucker beim Erkalten wieder kristallisierte und die Schokolade recht krümelig ausfiel. Lindt erfand eine Maschine, die sogenannte Conche, um der Masse mehr Wasser zu entziehen. Vielleicht vergaß Lindt im Dezember 1879, die Maschine abzustellen, vielleicht experimentierte er ganz gezielt, als er die Conche weit über das bisher übliche Maß laufen ließ: Geschlagene 72 Stunden lang schwappte die flüssige Schokolade in der Maschine hin und her. Das Ergebnis war eine Masse, die ganz besonders aromatisch schmeckte und mit einem nie dagewesenen Schmelz auf der Zunge zerging.

KLEINER QUALITÄTSTEST

Noch heute spielt die Dauer des Conchierens eine wichtige Rolle: Schokolade der Luxusklasse wird bis zu drei Tage conchiert, einfache Qualitäten nur zwölf Stunden. Bricht man Schokolade, muss sie ganz deutlich knacken und darf nicht krümeln – je weniger Knack und je mehr Krümel, desto schlechter. Heute gibt es auf der ganzen Welt hervorragende Chocolatiers. Doch die Erfindung der Milchschokolade und des „zarten Schmelzes" sichern den Schweizern einen Platz im Schoko-Olymp.

FAKTEN

Schokolade direkt vom Erzeuger:
Lindt & Sprüngli:
Kilchberg, Mo.–Fr. 10.00–18.00 Uhr, Tel. 044/716 27 28
www.lindt.com
Cailler:
Broc, Mo.–Fr. 10.00–18.00 Uhr, Tel. 026/921 59 60
www.cailler.ch
Maestrani:
Flawil, Mo.–Fr. 9.00–12.00 und 14.00–18.00
Sa. 9.00–12.00 Uhr, Tel. 071/228 38 88
www.maestrani.ch
Chocolat Alprose SA:
Caslano, Mo.–Fr. 9.00–18.00, Sa., So. 9.00–17.00 Uhr
Tel. 091/611 88 56, www.alprose.ch

01
02
03
04
05
Maßstab 1:750.000
10km
Luxeuil-les-Bains
Vesoul
Lure
Belfort
Montbéliard
Audincourt
Valentigney
Héricourt
Porrentruy
Delémont
MULHOUSE
BASEL
Müllheim
Lörrach
Rheinfelden
Riehen
Weil a.Rh.
Allschwil
Muttenz
Pratteln
Liestal
Reinach
St-Louis
Altkirch
Cernay
Wittelsheim
Rixheim
Illzach
Riedisheim
BESANÇON
Pontarlier
Solothurn
Grenchen
Langenthal
Biel
Bienne
Burgdorf
BERN
Ostermundigen
Köniz
Thun
Steffisburg
La Chaux-de-Fonds
Le Locle
Neuchâtel
Neuenburg
Lac de Neuchâtel
Yverdon-les-Bains
Fribourg
(Freiburg)
Bulle
Champagnole
Morges
LAUSANNE
Vevey
Montreux
Le Léman
Lac Léman
Thonon-les-Bains
Évian-les-Bains
Nyon
GENÈVE
Meyrin
Vernier
Onex
Lancy
Annemasse
St-Claude
Monthey
Martigny
Sion (Sitten)
Sierre
Cluses
Bonneville
Gruyères
Murten
Avenches
Payerne
Estavayer-le-Lac
Orbe
Romont
Mont Tendre
Le Chasseron
Chasseral
Montagnes du Lomont
Doubs
Rhein
Jura
Alpes Vaudoises
Les Diablerets
Dents du Midi
Chamonix

Uhren, Wein und stolze Burgen

Zentrum der westlichen Schweiz ist Genf, die große Kosmopolitin mit ihrem reichen Kulturangebot. Das milde Klima am Genfer See lässt die Trauben bestens reifen, entsprechend gute Tropfen werden hier serviert. Schlösser wie Aigle und Chillon, Altstädte wie Gruyère, stille Klöster wie Romainmôtiers lassen das Mittelalter wieder lebendig werden. Der jüngste Kanton der Schweiz, das Jura, bietet hervorragende Möglichkeiten zum Wandern und Radeln.

01 GENF

Am äußersten westlichen Zipfel der Schweiz liegt Genf (185 000 Einw.). 1536 bereitete Jean Calvin den Boden für die Reformation. Wichtig war der Zuzug vertriebener Hugenotten, die im 17. Jh. in Genf eine neue Heimat fanden, Uhrmacher- und Bankengewerbe ankurbelten. Seit 1815 ist die zweitgrößte Stadt der Schweiz Mitglied der Eidgenossenschaft.

Sehenswert

In Genf verlässt die Rhône den Genfer See. Die **Ile Rousseau** verbindet die Flussufer und erinnert an den berühmtesten Sohn der Stadt, den Philosophen Jean-Jacques Rousseau (1712 bis 1778). Auf dem Gipfel des Altstadthügels prangt die dreitürmige **Cathédrale de St-Pierre**. Vermutlich stand hier schon ein römischer Tempel. Der Bischofskirche (1160–1232 erbaut) ging eine Basilika aus dem 4./5. Jh. voraus. Reich geschmückt sind die Kapitelle im Chor und Langhaus. Rund um die Kathedrale ziehen sich Gässchen mit Galerien, Antiquitätenläden und edlen Boutiquen hin. Hinter der Renaissancefassade des **Hôtel de Ville** (Rathaus) traten 1920 zum ersten Mal die Vereinten Nationen (UN) zusammen. Vom südlichen Seeufer, entlang der Promenade du Lac, ist der **Jet d'eau** gut zu sehen, der bis zu 140 m hohe Fontänen gen Himmel schießt. Gegenüber besteht vom **Quai Mont-Blanc** der beste Ausblick auf den Montblanc, mit 4809 m der höchste Berg Europas. An diesem Quai liegt Hotel Beau-Rivage, 1898 Schauplatz des Attentats, bei dem die österreichische Kaiserin Elisabeth, genannt Sisi, von einem italienischen Fanatiker niedergestochen wurde. Eines der größten Gebäude der Welt ist das 1929–1937 erbaute **Palais des Nations** im UNO-Viertel nördlich des Bahnhofes.

Museen

Von der Kathedrale aus oberiridsch und unterirdisch über einen Gang ist das **Musée International de la Réforme** zu erreichen (Di.–So. 10.00–17.00 Uhr). Ältestes Haus der Stadt, gleich bei der Kathedrale, ist Maison Tavel (1304). Sein weitläufiger Keller diente einst zum Lagern von Getreide – und für Gold gab es sogar eine Art Tresor. Im Obergeschoss zeigt das **Musée du Vieux Genève** ein Modell der Stadt um 1850 (Di.–So. 14.00–17.00 Uhr). Kunsthandwerk fremder Völker und der Zentralschweiz stellt das **Musée Barbier-Mueller** aus (tgl. 11.00–17.00 Uhr, Rue Jean Calvin 10). Freunde schöner Uhren können im **Patek Philippe Museum** herrliche Zeitmesser bewundern (Di.–Fr. 14.00–18.00, Sa. 10.00–18.00 Uhr, Rue des Vieux-Grenadiers 7). Gleich gegenüber lässt sich im **Musée d'Art Moderne et Contemporain (Mamco)** moderne und zeitgenössische Kunst ab 1960 studieren (Di.–Fr. 12.00–18.00, Sa., So. 11.00–18.00 Uhr). Das **Musée d'Art et d'Histoire** gilt als das bedeutendste der Genfer Museen. Es bietet mit rund 500 000 Exponaten einen umfassenden Überblick zur Archäologie, Antike und Kunstgeschichte, u. a. zu den Meistern der Genfer Schule (Di.–So. 10.00–17.00 Uhr). Das **Musée International de la Croix-Rouge** zeichnet die Geschichte des Roten Kreuzes und des Roten Halbmonds nach – und das mit zum Teil erschütternden Filmen und Dokumenten (Mi.–Mo. 10.00–17.00 Uhr, gegenüber Westtor Palais des Nations).

Tipp

Unter der Kirche

Folgen Sie in der Genfer Kathedrale St. Pierre unbedingt dem Hinweisschild „Site archéologique". Es führt in eine der größten archäologischen Ausgrabungsstätten Europas. Geschichte spult sich hier im Rückwärtsgang ab. Man passiert die Fundamente der heutigen Kirche, kommt an Mauerresten ihrer Vorgänger vorbei bis hinab ins 4. Jh. und geht über Treppen, über die schon vor 1700 Jahren Menschen wandelten. Eine eigentümlich-andächtige Stimmung herrscht hier unten, weit weg von dem oberirdischen Lärmen der Zeit.

Di.–So. 10.00–17.00 Uhr

Umgebung

Tief unter **Meyrin** (2 km westl.) toben sich die Physiker aus: Im Europäischen Kernforschungszentrum CERN schicken Physiker winzigste Materieteilchen auf einen 27 km langen Rundkurs, beschleunigen diese und lassen sie gegeneinander prallen (Besucherzentrum „Microcosm" Mo.–Fr. 9.00–17.30, Sa. bis 17.00 Uhr, Anmeldung für Führungen Tel. 022/767 44 81, www.cern.ch). In **Cologny** (5 km östl.) befindet sich eine der wichtigsten Privatbibliotheken, die Stiftung Bibliotheca Bodmeriana, in einem von Mario Botta gestalteten Domizil (Di.–So. 14.00–18.00 Uhr, www.fondationbodmer.org).

Information

Genève Tourisme
18, Rue du Mont Blanc, 1211 Genève 1
Tel. 022/909 70 00, www.geneve-tourisme.ch

02 LAUSANNE

Die lebhafte Universitätsstadt (124 000 Einw.) liegt malerisch am Genfer See, umgeben von Weinbergen. Auf einem Sporn erhebt sich die Cité (Altstadt), deren Bebauung längst bis zum Seeufer ausgegriffen hat.

Sehenswert

Mittelpunkt und belebter Treff der Stadt ist der autofreie **Place St-François**, wichtigste Sehenswürdigkeit die **Kathedrale Notre-Dame** (1150–1230 erbaut). Schon die Balustraden des Turmes wirken fein und elegant, und auch das Innere überrascht mit einer besonderen Leichtigkeit aller Bauelemente. Nehmen Sie ein Fernglas mit: Das erlaubt es, die Glasmalereien (um 1200) der wundervollen Rosette im Südschiff zu studieren. Immer bergab führen alle Wege in den eleganten Stadtteil **Ouchy** am Seeufer. Hier schlendert man sehr nett am Ufer des Genfer Sees entlang.

Museen

Das Kunstmuseum, das Museum für Geologie und das Museum für Archäologie sind allesamt im **Palais de Rumine** untergebracht (Musée Cantonal des Beaux Arts, de Géologie et d'Archéologie et d'Histoire, Di.–Do. 11.00–18.00, Fr.–So. nur bis 17.00 Uhr). Im Vorort Vidy hat das Olympische Komitee seinen Sitz. Hier widmet sich das **Musée Olympique** der Geschichte der olympischen Bewegung (April bis Okt. tgl. 9.00–18.00, Nov.–März nur Di.–So. 9.00–18.00 Uhr).

Umgebung

Morges (14 km westl.) ist besonders im Frühling einen Besuch wert, wenn das Tulpenfest gefeiert wird. **Nyon** (43 km westl.) war einst die wichtigste römische Kolonie der Westschweiz. Im Musée Romain und im Parq Bourg-de-Rive kann man besichtigen, was von Cäsar und Co. übrig blieb. Die älteste romanische Klosterkirche (erbaut um 1000) der Schweiz steht in **Romainmôtier** (34 km nördl.). Sie ist Teil eines ehemaligen Benediktinerklosters. Unweit des Zentrums von **Vallorbe** (51 km nördl.) lohnt der Besuch der Orbe-Grotte (April–Nov. tgl. 9.30–16.30, Juni–Aug. bis 17.30, Dez.–März nur Sa., So., 13.30–16.00 Uhr; www.grottes-de-vallorbe.ch).

Information

Lausanne Tourisme
Avenue de Rhodanie 2, 1000 Lausanne 6
Tel. 021/613 73 73
www.lausanne-tourisme.ch

Park am Olympiamuseum: Lausanne ist Sitz des Internationalen Olympischen Komitees.

03 MONTREUX

Im 19. Jh. begann der Aufstieg des Fischerdorfes zum mondänen Badetreff. Heute ist Montreux (25 000 Einw.) der meistbesuchte Kurort am Genfer See. Im Juli/August herrscht Hochstimmung, wenn die Stadt zum Treffpunkt der internationalen Jazzgrößen und ihrer Fans wird.

Sehenswert

Hauptsehenswürdigkeit ist **Château Chillon**, ein mittelalterliches Märchenschloss am Genfer See. Die im 9. Jh. errichtete Burg wurde vom 12.–16. Jh. ausgebaut. Attraktiver als der berühmte Kerker ist aber der Große Grafensaal. Wer es einrichten kann, sollte die Hauptsaison meiden (April–Sept. tgl. 9.00–19.00, Okt. u. März 9.30–18.00, Nov.–Feb. 10.00–16.00 Uhr). Informationen zur Stadtgeschichte liefert das **Musée du Vieux-Montreux** (April–Okt. tgl. 10.00–12.00 u. 14.00–17.00 Uhr).

Hotel

Im Design-Hotel **Tralala** sind die einzelnen Zimmer verschiedenen Musikern gewidmet. Teils Zimmer mit Aussicht auf See und Chillon (DZ ab 230 CHF, Rue du Temple 2, Tel. 021/963 49 73, www.tralalahotel.ch).

Restaurant

Zum Drehrestaurant **Le Kuklos** geht es per Luftseilbahn von Leysin zum Berneuse-Gipfel auf 2048 m Höhe. Panoramablick u.a. auf die Eiger Nordwand und den Montblanc (Mitte Juni bis Ende Okt., Tel. 024/494 31 41).

Umgebung

Aigle (17 km südl.) besitzt ein gut erhaltenes mittelalterliches Schloss inmitten der Weinberge mit Weinmuseum (Ende März–Okt. Di. bis So. 11.00–18.00 Uhr). Von Aigle aus erreicht man die **Waadtländer Alpen** – im Sommer ein Paradies für Wanderer und Mountainbiker, im Winter für Skifahrer (höchster Gipfel: Les Diablerets, 3210 m). Mitte Januar steigen täglich bis zu 100 Heißluftballons an der Nordflanke der Waadtländer Alpen bei **Château-d'Oex** auf, wenn sich die Weltelite der Ballonfahrer trifft.

Information

Montreux-Vevey Tourisme
Rue du Théâtre 5, 1820 Montreux
Tel. 084/886 84 84, www.montreux.ch und montreuxriviera-ch

04 FRIBOURG/FREIBURG

Fribourg (34 000 Einw.) erfreut sich eines hervorragend erhaltenen mittelalterlichen Stadtkerns. Als die Reformation ringsum Boden gewann, hielt Fribourg am katholischen Glauben fest. Mitten durch die Stadt verläuft der Röstigraben: die Bewohner der Universitätsstadt sprechen teils deutsch und teils französisch.

Sehenswert

Über 200 Gebäude aus der Zeit der Gotik stehen noch in der denkmalgeschützten Altstadt. Imposantestes Bauwerk ist die **Cathédrale St-Nicolas** (begonnen 1283). Als Kontrapunkt in Farbe und Form zur Gotik dienen die Figuren der französischen Künstlerin Niki de Saint Phalle. Sie werden im **Espace Jean Tinguely-Niki de Saint Phalle**, in der Rue de Morat 2, ausgestellt (Mi.–So. 11.00–18.00, Do. bis 20.00 Uhr).

Umgebung

Gruyères (25 km südl.) muss sich hinter der Kantonshauptstadt Fribourg in nichts verstecken. Der berühmte Greyerzer Käse wird hier hergestellt. Wie, zeigt Schaukäserei Maison du Gruyère im OT Pringy (tgl. 9.00–19.00, Okt.–Mai bis 18.00, Schaukäserei 9.00–14.30 Uhr).

Information

Fribourg Tourisme
Avenue de la Gare 1, 1701 Fribourg
Tel. 026/350 11 11, www.freiburgtourismus.ch

Tipp

Tour mit Rad und Schiff

Eine wunderschöne Radtour führt einmal rund um den Neuenburger See. Die Strecke ist 98 km lang, aber wer schon vorher müde wird, kann sich von den Städten am See aus mit dem Schiff wieder zurück nach Neuenburg (Bild) bringen lassen.

05 NEUCHATEL/NEUENBURG

Die Stadt (33 000 Einw.) liegt malerisch am Neuenburger See und ist ein guter Stützpunkt für alle Ausflüge in den Jura. In der netten City fallen vor allem die vielen Treppen auf, die die zahlreichen, am Hang gelegenen Gassen verbinden.

Sehenswert

Friedrich Dürrenmatt lebte über 40 Jahre in Neuchâtel. Sein Wohnhaus wurde nun um einen modernen Anbau ergänzt, den Stararchitekt Mario Botta plante. Hier im **Centre Dürrenmatt (CDN)** werden Schriftstücke des Dramatikers ausgestellt, aber auch viele seiner Gemälde (Mi.–So. 11.00–17.00 Uhr). Nur 5 km weiter nordwärts am See lohnt der Besuch des Archäologie-Parks **Laténium** in Hauterive-Neuchâtel. Die in den See hinein gebauten Ausstellungsflächen präsentieren auf drei Hektar Archäologie, u.a Pfahlbauten, zum Anfassen (tgl. 10.00–17.00 Uhr). Wer mag, kann sich mit dem Schiff von Neuchâtel nach **Hauterive** bringen lassen.

Restaurant/Hotel

Eine der besten Gourmet-Adressen der Schweiz mit hervorragender Weinauswahl befindet sich in Le Norimont östl. von La-Chaux-De-Fonds: das **Restaurant & Hôtel Georges Wenger** (DZ ab 320 CHF, Rue de la Gare 2, Tel. 032/ 957 66 33, www.georges-wenger.ch).

Umgebung

La Chaux-de-Fonds ist mit 35 500 Einw. die größte Stadt im Jura (20 km westl.). Sehenswert ist vor allem das Uhrenmuseum (Di.–So. 10.00–17.00 Uhr). Als schönster Gebirgszug des ▶TOPZIEL **Schweizer Jura** gilt die Franches Montages. Die Gegend ist auch Heimat der Rasse der Freiberger Pferde. Jährlich am zweiten Wochenende im August findet in **Saignelégier** (44 km nördl.) ein Pferdemarkt statt. Die barocken Schlösser in **Delémont** (Kantonshauptstadt, 82 km nordöstl.) und **Porrentruy** (81 km nördl.) weisen auf die Zeit, als die Bischöfe von Basel hier noch die Herren waren. Kraftvoll zieht die Doubs ihre Schleifen durch das Karstgebirge. Im winzigen **St-Ursanne** (72 km nördl.) ließ sich einst der irische Mönch Ursicinus nieder, um in einer Einsiedelei ein gottgefälliges Leben zu führen. Aus der Zelle entwickelte sich ein Chorherrenstift, dessen Stiftskirche aus dem 12. Jh. noch über ein besonders gut erhaltenes Südportal verfügt.

Information

Tourisme Neuchâtelois
Hôtel des Postes, 2001 Neuchâtel
Tel. 032/889 68 90, www.neuchateltourisme.ch

DuMont Aktiv

Unterwegs im Planwagen

Auf einer Strecke von rund 120 km erstreckt sich zwischen Genf und Zürich der Schweizer Jura. Ein ruhiges Gebiet voller Naturschönheiten, fernab des Massentourismus, ideal zum Wandern, aber auch für sehr gemütliche Arten der Fortbewegung: zum Beispiel die Fahrt mit dem Pferdewagen.

Im Südwesten des Kantons Jura liegen die Freiberge, französisch Franches-Montagnes. Sie gelten als Heimat der Freiberger Pferde, eine Rasse, die als ausgesprochenes Familienpferd gilt. Also ideal, um sich damit in die schöne Mittelgebirgslandschaft zu wagen.

Entschleunigt durch den Jura

WESTWÄRTS HO!

Als allererstes erhalten Fahrer und Mitfahrer eine Einweisung in den Umgang mit Pferd und Wagen: Geschirr anlegen, Aufzäumen, Anspannen, Anhalten und Wenden wird zunächst ausführlich im Gelände geübt, um unliebsame Überraschungen für Pferd und Gast zu vermeiden. Die Routenplanung ist individuell gestaltbar; das gilt für Dauer wie auch für die Wahl der Unterkunft, die vom Schlafen im Stroh bis zum Hotelaufenthalt reicht. Pro Tag werden in der Regel 20 bis 25 km zurückgelegt. Man kommt also nicht sonderlich weit, erkundet dafür sehr entspannt die Gegend. Bei längeren Pausen muss das Pferd abgespannt werden – den Aufwand betreibt man in der Regel nur fürs Mittagessen am Lagerfeuer. Am Abend heißt es stets: erst das Pferd versorgen, dann sich selbst.

Freiberger gelten als Familienpferde

WEITERE INFORMATIONEN

- **Zeitraum:**
  Ostern bis Oktober
- **Pferdewagen:**
  vier Personen, darunter müssen zwei Erwachsene sein
- **Anbieter (Auswahl)**
  Franches-Montagnes Loisirs
  2338 Les Emibois-Muriaux
  Tel. 032/ 953 16 70
  www.juraloisirs.ch
  David & Véronique Protti
  2905 Courtedoux
  Tel. 079/439 99 59
  www.tourismequestre.net
- **allgemeine Informationen:**
  www.juratourisme.ch

Service

Kurvenfahrt am Gotthardpass

ANREISE

Mit dem Auto: Von Norden über die A 5 nach Basel bzw. die A 81 nach Singen/Schaffhausen. Von Nordosten auf der A 96 zum Pfändertunnel von Hörbranz bei Lindau bis nach Hohenems in Österreich und von dort über die Grenze auf die schweizerische A 13 (Achtung: Für diese 23 km lange Strecke ist eine sog. Korridor-Vignette erforderlich, an Münz- (!) Automaten an den Tunneleingängen für 2 € erhältlich). Von Österreich her empfiehlt sich die Benutzung der österreichischen A 14 mit Anschluss an die schweizerische A 13 bei Feldkirch.
Der schnellste Weg ins Tessin führt über die Schweizer A 2 durch den Gotthardtunnel (16,9 km, aber oft lange Staus wegen Blockabfertigung). Alternativ dazu die A 13 zum San Bernardino-Tunnel (6,6 km). Kostenpflichtig ist der Tunnel Großer St. Bernard zwischen der Schweiz und Italien (5,8 km/ kostet für Pkw ca. 30 CHF).

Geschichte

450 v. Chr. Der keltische Stamm der Helvetier wandert ins Gebiet der heutigen Schweiz ein.

ab 58 v. Chr. Rom herrscht auch über die Schweiz, Gründung bedeutender Städte, darunter Genf und Stein am Rhein. Fünf rätoromanische Sprachen bilden sich.

450 n. Chr. Alemannische Besiedlung, Bistümer Genf und Chur entstehen.

1033/34 Burgund, dazu zählt auch die heutige Schweiz, kommt unter König Konrad II. zum Hl. Römischen Reich Deutscher Nation.

ca. 1220 St. Gotthard-Pass wird eröffnet (kürzeste Alpenquerung).

1291 Die drei Urkantone Uri, Schwyz und Unterwalden schließen sich zum „Ewigen Bund" zusammen.

1315 Urkantone besiegen Habsburg, weitere Kantone treten dem Bund bei: 1332 Luzern, 1351 Zürich, 1352 Glarus und Zug, 1353 Bern. Jetzt: „Eidgenossenschaft der acht alten Orte genannt Schwyz". 1481 folgen Fribourg und Solothurn, 1501 Basel und Schaffhausen, 1513 Appenzell.

ab 1517 Reformation, konfessionelle Spaltung: Huldrych Zwingli wirkt in Zürich und der nördlichen Schweiz. Jean Calvin reformiert erfolgreich Westschweiz und Genf.

1648 Westfälischer Frieden: Die Eidgenossenschaft wird unabhängig.

1798 Französische Revolution: Die Helvetische Republik wird nach französischem Vorbild gegründet.

1803 Die Schweiz wird wieder selbständig, aus Einheitsstaat wird Staatenbund.

1815 die Schweiz verpflichtet sich im Zweiten Pariser Frieden zu Neutralität.

1848 Bundesstaat mit neuer Bundesverfassung, Bern wird Hauptstadt.

1874 Etablierung der Volksabstimmung für politische Entscheidungen.

1971 Frauenwahl- und stimmrecht (außer Appenzell-Innerrhoden, das erst 1990 folgt).

1993 Die Schweiz lehnt Beitritt zum Europäischen Wirtschaftsraum ab.

2000 Bilaterale Verhandlungen Schweiz/EU

2002 Schweiz tritt der UNO bei.

2006 An der Ostflanke des Eiger kommt es zu einem großen Felssturz.

2008–2010 Die Bankenkrise trifft auch viele Schweizer Geldinstitute schwer. UBS, Credit Suisse u.a. verzeichnen große Verluste.

Autoverlad: Eine Alternative für die im Winter oft unmögliche, im Sommer zeitaufwendige Überquerung der Alpenpässe sind die Tunnels mit Autotransportmöglichkeiten (in der Schweiz „Autoverlad" genannt). Die Fahrpläne wechseln, daher Detailinfos aktuell abfragen.

Albulatunnel: Thusis–Samedan, Fahrzeit ca. 80 Min., verkehrt nur ca. 8.00–16.00 Uhr, Reservierung vorab empfohlen, Tel. 081/288 47 16 (Thusis) bzw. Tel. 081/288 55 11 (Samedan)
www.rhb.ch/autoverlad/albula

Vereina-Tunnel: Selfranga (Klosters)–Sagliains (Lavin), Fahrzeit ca. 20 Min., verkehrt nur ca. 6.00–21.00 Uhr, Tel. 081/288 37 38
www.rhb.ch/autoverlad/vereina

Lötschbergtunnel: Kandersteg–Goppenstein, Fahrzeit ca. 15 Min., verkehrt nur ca. 6.00 bis 23.00 Uhr, Tel. 0900 55 33 33,
www.bls.ch/autoverlad

Lötschberg-Simplontunnel: Kandersteg–Iselle (Italien), Fahrzeit ca. 1 Std., Vorab-Reservierung empfohlen, Tel. 033/650 41 50
www.bls.ch/autoverlad

Furkatunnel: Oberwald–Realp, Fahrzeit ca. 15 Min., Tel. 027/927 76 66 für Oberwald, Tel. 027/927 76 76 für Realp
www.mgbahn.ch

Mit dem Zug: Die Schweiz ist verkehrstechnisch hervorragend erschlossen. Wo kein Zug hinfährt, verkehrt der Postbus. Drehscheibe des internationalen Zugverkehrs ist Zürich. Der Swiss-Pass gewährt freie Fahrt mit Bahn, Bus und Schiff sowie freien Eintritt in über 400 Museen und 50% Rabatt auf den meisten Bergbahnen (kostet in der 2. Klasse je nach Geltungsdauer – z.B. für 4 Tage 260 CHF, für 1 Monat 578 CHF). Auskunft unter www.sbb.ch und www.swisstravelsystem.ch

Mit dem Flugzeug: Die Flughäfen Zürich/Kloten, Genf/Cointrin, EuroAirport Basel-Mulhouse-Freiburg, Bern/Belp und Lugano werden täglich von verschiedenen Airlines angeflogen.

AUSKUNFT

Schweiz Tourismus
Tödistr. 7, 8002 Zürich
Tel. 044/288 11 11
www.myswitzerland.com

Postanschriften
Deutschland: Postfach 16 07 54
D-60070 Frankfurt a. M.
Österreich: Postfach 34, A-1015 Wien
Schweiz: Postfach, CH-8027 Zürich

Gebührenfreie Info-Hotline für Dt. und Österr.:
Tel. 00800/100 200 30

Im Schweizer Nationalpark bei Zernez werden mitunter sogar Bären gesichtet.

AUTOFAHREN

Die Schweizer Autobahnen sind **mautpflichtig**. Wer sie benutzen will, muss eine Plakette an der Windschutzscheibe anbringen. Diese Vignette kostet in Deutschland 29.00 € und gilt 14 Monate von 1. Dezember bis 31. Januar des übernächsten Jahres. Erhältlich an der Grenze sowie in Tankstellen, Postämtern und im Vorverkauf beim ADAC. Im Internet bestellbar unter www.swisstravelsystem.com

Für Pkw bis 3,5 t Gewicht gelten in der Schweiz folgende **Höchstgeschwindigkeiten**: Auf Autobahnen 120 km/h, auf Schnellstraßen 100 km/h, auf Landstraßen 80 km/h, in Ortschaften 50 km/h. Vor zu schnellem Fahren muss eindringlich gewarnt werden. Strafen für überhöhte Geschwindigkeit, **Alkoholdelikte** (mehr als 0,5 Promille) und andere Verkehrssünden sind in der Schweiz extrem hoch, sprich kostspielig, und werden über die Grenzen hinweg eingetrieben! Weiterhin gelten u.a. **Gurtpflicht** und **Handyverbot** am Steuer. Auf Bergstraßen hat das aufwärtsfahrende Fahrzeug Vorrang.

BERÜHMTE BAHNSTRECKEN

Die Schweizer bohren nicht nur erfolgreich Löcher durch die Berge, ihre Ingenieure haben auch weltweit einzigartige Eisenbahntrassen erbaut. Zwei der berühmtesten Routen: Der **Glacier-Express** fährt von Zermatt ins Oberengadin nach St. Moritz, überquert den Oberalppass (2033 m) und zuckelt über 291 Brücken, durch 91 Tunnels und sieben Täler. Einer der Höhepunkte ist die Fahrt durch die Rheinschlucht bei Flims (www.glacierexpress.ch).

Ebenfalls mit Panoramawagen ausgerüstet ist der **Bernina-Express**. Er verbindet Chur und das italienische Tirano, fährt am Moteratsch-Gletscher und dem berühmten St. Moritzer Skigebiet Diavolezza vorbei und über die Bernina, mit 2253 m der höchste Pass für Bahnen in Europa. Rekordverdächtig sind auch die 196 Brücken und 55 Tunnels. 2008 wurde die Bahn ins UNESCO-Weltkulturerbe aufgenommen, 2010 feierte die Strecke den 100. Geburtstag (www.berninaexpress.ch).

ESSEN UND TRINKEN

Die Schweiz ist bekannt für ihre hervorragende Küche, und groß ist die Zahl exquisiter Restaurants. Man muss aber nicht unbedingt viel Geld ausgeben, um gut zu essen. Im Tessin locken die zahlreichen Grotti mit köstlicher Hausmannskost, und so mancher Hüttenwirt (und -wirtin) investiert viel Zeit und Mühe in eine gute Versorgung der Wanderer, Bergsteiger und Skifahrer.

Die Schweiz bietet neben Käse (s. S. 46) und Schokolade (s. S. 110) eine Fülle regionaler Spezialitäten. An dieser Stelle kann nur auf die wichtigsten eingegangen werden: Ein Flaggschiff der Deutschschweiz ist die **Rösti** (nicht das Rösti und Röschti gesprochen): geriebene Kartoffeln knusprig braun gebraten als Beilage zu Züricher (Kalbs-) Geschnetzeltem, Bratwurst oder Spiegeleiern oder auch nur mit Sauerrahm für den kleinen Hunger. Handfester ist die **Berner Platte**, eine Schlachtplatte bestehend aus Würsten, Rippchen, Speck und gewaltigen Mengen Sauerkraut. In Graubünden wird das Studium der Speisekarte schon schwieriger, viele Gerichte tragen rätoromanische Namen, z. B. **Maluns** (eine Art Reibekuchen aus Kartoffeln, der mit Apfelmus serviert wird) und **Capuns** (mit Bergkäse überbackene Krautwickel aus Mangold). **Bündnerfleisch** besteht aus Rindfleisch, das mehrere Wochen getrocknet, aber nicht geraucht wird und, in hauchdünnen Scheiben geschnitten, fast auf der Zunge zergeht. Unter **Salsiz** versteht man im Engadin kleine Salamis, die auch aus **Wild** zubereitet sein können. Wild steht übrigens in den entsprechenden Jahreszeiten fast überall auf der Speisekarte, und man sollte sich Gerichte aus Gämse, Hirsch, Wildschwein oder Kaninchen nicht entgehen lassen. Nicht jedermanns Sache mag die Tessiner **Busecca** sein, eine Suppe aus Kutteln. Allgemein beliebt sind in der italienischen Ecke der Schweiz Risotto, Gnocchi und Polenta. Unbedingt probieren: Esskastanien-Gerichte aus dem Bergell, z.B. **Kastanienspätzle**. Im Westen jenseits des Röstigrabens (womit der Saanegraben gemeint ist, der die französische von der deutschen Schweiz teilt) macht sich der französische Einfluss auf die Gastronomie bemerkbar. **Longeoles** nennt sich eine Wurstspezialität, deren charakteristischer Geschmack von Anis und Kümmel herrührt. So berühmt wie beliebt ist die waadtländische Soupe de **Poisson du Lac**, eine Fischsuppe aus dem Besten, was die Westschweizer Seen hergeben.

Service

Eiger, Mönch und Jungfrau erheben sich auf der Grenze zwischen den Kantonen Bern und Wallis.

Eine besondere Spezialität ist der **Schweizer Wein**, da hiervon sehr wenig in den Export gelangt. Das größte Anbaugebiet der Schweiz liegt im **Wallis**. Rund 5300 ha Rebfläche von landesweit 15 000 ha werden zwischen Visp und Martigny angebaut. bei Vispterminen klettern die Reben bis auf 1100 m Höhe. Doch die steilen Lagen machen den Anbau teuer. Die winzigen Terrassen liefern eine Fülle unterschiedlicher Terroirs. Außerdem bietet allein das Wallis mit über 50 kultivierten Rebsorten eine faszinierende Spielwiese für alle Weinfreunde. Gutedel bildet die Basis für den berühmten weißen Fendant und wird am häufigsten angebaut. Unter den Roten ragt der milde Dôle hervor, der aus Spätburgunder (= Pinot Noir) und Gamay gekeltert wird. Expeditionscharakter erhält jede Weinprobe, wenn heimische Sorten verkostet werden wie Petit Arvine, Cornalin, Humagne Rouge oder Humagne Blanc, der mit dem roten nicht verwandt ist. All diese alten Sorten gelten Kennern als das unentdeckte Potenzial der Schweizer Weine. Nach dem Wallis ist das **Waadt/Vaud** in der Westschweiz die wichtigste Weinbauregion der Schweiz. Heute befindet sich hier mit 800 ha die größte zusammenhängende Rebbaufläche der Schweiz. Überwiegend wird in der Westschweiz die Chasselas-Rebe angebaut, die trockene, auch prickelnde Weißweine liefert. Die berühmteste Reblage des Waadtlandes trägt den Namen „Dézaley". Auch am **Bodensee** und in der **Ostschweiz** wächst Wein. Flaggschiff ist hier der Blauburgunder. Im **Kanton Zürich**, dem größten Anbaugebiet der Deutschschweiz, sind die Winzer auch stolz auf ihre lokale Rebsorte „Räuschling". Im **Tessin** keltern die Winzer überwiegend Merlot. Die besseren Tropfen ziert das Gütesiegel VITI. In Barriquefass ausgebaute Merlots tragen meist den Zusatz „riserva". Merlot wird auch als Merlot rosato angeboten, weiß gekeltert als Merlot blanco.

FESTE UND FEIERTAGE

Feiertage

1. Januar
Karfreitag, Ostersonntag, Ostermontag
Christi Himmelfahrt
Pfingstsonntag/Pfingstmontag
Nationalfeiertag: 1. August
Weihnachten 25./26. Dezember

Lokale Feiertage:

2. Januar: Berchtoldstag
1. Mai: Tag der Arbeit
Fronleichnam
15. August: Maria Himmelfahrt
1. November: Allerheiligen
8. Dezember: Maria Empfängnis

Die größten Feste:

Fasnacht: Bellinzona, Basel, Luzern
Internationaler Automobilsalon Genf (März)
Art Basel (Juni)
Montreux Jazzfestival (Juli)
Jazzfestival Lugano (Juli)
Stadtfest Zürich (alle 3 Jahre, 2013, 2016)
Feiern zum Nationaltag am 1. August
Filmfestspiele Locarno (August)
Int. Musikfestwochen Luzern (September)
Herbstmesse Basel (Oktober)
Rütlischießen (Mi. vor dem 11. November)
Berner Zibelemärit (4. Mo. im Nov.)

GELD

Offizielles Zahlungsmittel ist der Schweizer Franken (CHF), oft werden auch Euro angenommen, allerdings nicht immer zum besten Kurs. Mit gängigen Kreditkarten ist Bezahlen ebenfalls möglich. Geldautomaten sind in der Schweiz flächendeckend vorhanden.

REISEDOKUMENTE

EU-Bürger: Für Aufenthalt bis max. 3 Monate: Personalausweis oder Reisepass (auch Kinder unter 16 Jahren sind ausweispflichtig).
Autofahrer: Führerschein, Fahrzeugpapiere, die grüne Versicherungskarte ist ratsam. Fahrzeuge ohne EU-Kennzeichen benötigen die ovale Länderplakette.

REISEZEIT

Die Schweiz ist ein Ganzjahresziel mit Schwerpunkt Sommer und Winter. Im Frühjahr kann es in den Bergen noch empfindlich kalt sein, dafür ist der September der schönste Monat: Ist die Hauptsaison vorbei, erstrahlen die Bergwälder in einer unglaublichen Farbenpracht. Vor allem das Gold der Lärchen ist überwältigend schön.

SPORT

Wandern, Bergsteigen und Wintersport sind die wichtigsten Sportarten der Schweiz, gefolgt von Radfahren und allen Arten des Wassersports auf Seen und Flüssen.

Wandern
Über 65 000 km markierte Wanderwege erschließen die Schweiz. Die Wanderwege werden je nach Schwierigkeitsgrad markiert: Leichte Wege sind mit gelben Wegweisern ausgestattet, mittelschwer wird es auf den weiß-rot-weißen Routen, wer auf weiß-blau-weißen Wegen wandeln will, braucht gute Kondition und gute, mitunter alpine Ausrüstung. Auf der Homepage von Schweiz tourismus werden attraktive Routenvorgeschläge vorgestellt (vgl. Auskunft). Besitzer eines i-Phones können sich 32 Wanderungen auf ihr Smartphone laden.
Zahlreiche Wanderwege führen abseits der Straßen: Allein den Wanderern vorbehalten ist z.B. der Gang durch den Schweizer Nationalpark, eine wilde Gegend entlang der italienischen Grenze. Zwischen Zernez und dem Val Müstair erstrecken sich 80 km gut markierter Wanderwege, die man sich schon vorab auf der hervorragenden Homepage ansehen kann (www.nationalpark.ch). Parken ist entlang der Straße an mehreren Stellen möglich. Dort stehen auch Schilder, die über das Verhalten bei Begegnungen mit Bären informieren. Wer will, kann sich im Nationalparkzentrum Zernez ein GPS-Gerät ausleihen und mit dessen Hilfe den Nationalpark erforschen (Nationalparkhaus, 7530 Zernez, Tel. 081/856 13 78).

Alpine Touren mit Bergführer
Bei der Suche nach einem diplomierten Bergführer helfen die Tourismusbüros vor Ort oder der Schweizer Bergführerverband (SBV, 8006 Zürich, Tel. 044/360 53 66, www.4000plus.ch). Die Tarife für einen Tag liegen zwischen 450 und 840 CHF je nach Schwierigkeit der Strecke, können aber variieren und werden vor der Tour vereinbart. Umfassende Infos liefert die Homepage des SBV.

Radfahren
Mit Akribie haben die Schweizer über 3000 km Radwege ausgeschildert. Eine Übersicht findet man unter www.veloland.ch.

Kanu und Kajak
Wasserwandern ist auf Aare, Reuss und Rhein möglich. Zu den schönsten Kanustrecken gehören die Durchquerung der Rheinschlucht bei Flims und die Muota im Kanton Schwyz. Auskünfte über Anbieter von Ausrüstung und sonstiges Infomaterial hält Schweiz Tourismus bereit (siehe Auskunft).

SPRACHE

In der Schweiz werden vier Sprachen gesprochen (siehe Rubrik Daten und Fakten). Größte Sprachgruppe ist die deutsche, beheimatet im nördlichen Voralpenraum, dem am dichtesten besiedelten Teil des Landes, wo über 75 % der Schweizer wohnen. Italienisch wird vor allem im Süden des Landes gesprochen, französisch im Südwesten, rätoromanisch im Südosten, das sich in vielen Jahrhunderten aus dem Latein der römischen Legionäre entwickelt hat.

Sportliche Naturen finden in der Schweiz ein reiches Feld, etwa in der Rheinschlucht bei Flims.

Daten und Fakten

Landesnatur:
Die Schweiz gilt zwar als Gebirgsland, doch nehmen die Alpen nur 60 % des Landes ein, 30 % zählen zum Mittelland und 10 % zum Jura. Die Schweizer Alpen umfassen 20 % der gesamten Alpen.
Auch Seen prägen die Schweiz stark. Wichtige Seen sind Genfer See, Neuenburger und Bieler See, Bodensee und Zürichsee sowie Thuner-, Brienzer-, Zuger- und Vierwaldstätter See.
3 % der Schweiz sind vergletschert, die Gletscher bedecken rund 1300 km², Tendenz fallend. Größter Gletscher ist der Große Aletsch (24 km Länge, 86 km² Fläche), gefolgt vom Gornergletscher (13 km Länge, 60 km² Fläche) und Fieschgletscher (15 km Länge, 33 km² Fläche).

Gesamte Schweiz:
Fläche: 41 284,6 km²
Tiefster Punkt: Lago Maggiore 193 m
30 % der Schweiz sind von Wald bedeckt, 24 % Landwirtschaft, 13 % Alpweiden, 7 % Siedlungen, 4 % Gewässer

Höchste Berge:
Dufour-Spitze/Monte Rosa 4634 m
Dom 4545 m
Matterhorn 4478 m
Jungfrau 4158 m
Mönch 4107 m
Piz Bernina 4049 m
Eiger 3970 m
Piz Palü 3901 m
Säntis 2503 m
Pilatus 2120 m

Einwohner: 7,78 Millionen
Bevölkerungsdichte: 188,5 Einw./km²
Größte Stadt: Zürich 371 000 Einw.

Sprachen: Deutsch ist die Muttersprache von rund 64 % der Bevölkerung, Französisch 19 %, Italienisch 7 %, Rätoromanisch 0,6 %, anderssprachig sind 9 %

Konfessionen: Protestanten 35 %
Römisch-katholisch 42 %

Staatsform: Die Schweizerische Eidgenossenschaft ist ein parlamentarisch-demokratischer Bundesstaat mit 26 Kantonen und wird geleitet von Bundesversammlung (Nationalrat und Ständerat), Bundesrat und Bundespräsident. Hauptstadt ist Bern.

Service

TELEFON

Ländervorwahlen
Deutschland 0049
Österreich 0043
Schweiz 0041
Liechtenstein 00423

Bei Telefonaten ins Ausland entfällt die Null der Ortsvorwahl.
Innerhalb der Schweiz muss man, anders als in Deutschland, stets die Ortsvorwahl mitwählen, auch wenn man Gespräche im selben Ort führt.

NOTRUFE

Polizei: 117
Feuerwehr und Seerettungsdienst: 118
Unfall/Notarzt/Krankenwagen:
144 (mobil 112)
Schweizer Flugrettung: 1414

TCS Auto-Pannenhilfe:
140 (mobil 03 18 50 53 11)

ADAC Notrufzentrale Deutschland:
Fahrzeugschaden 089/22 22 22
Krankheit/Verletzung 089/76 76 76

Sonstige wichtige Schweizer Rufnummern
Straßenzustand: 163
Lawinenbulletin: 187

WELLNESS

Zahlreiche Thermalquellen verbunden mit dem Schweizer Sinn für gehobene Gastlichkeit machen das Land zu einem Wellness-Paradies. Wo man außer in Bad Ragaz, Scoul, Leukerbad oder Yverdon-les-Bains noch kuren kann, darüber informiert die Broschüre „Wellness Hotels", bestellbar bei Schweiz Tourismus (siehe Auskunft).

ZOLL

Einreise: Waren bis zu einem Wert von 300 CHF sind abgabenfrei. Personen ab 17 Jahren dürfen bis zu 200 Zigaretten oder 50 Zigarren oder 250 g Rauchtabak einführen, an alkoholischen Getränken bis zu 2 l mit bis zu 15 Vol.-% Alkohol und 1 l mit mehr als 15 Vol.-% Alkohol. Besondere Grenzen gelten für Lebensmittel. Weitere Auskünfte unter www. ezv.admin.ch

Haustiere: Hunde und Katzen dürfen mitgenommen werden, sofern sie gegen Tollwut geimpft sind. Die Impfung muss mindestens 30 Tage vor dem Grenzübertritt erfolgt sein und darf nicht länger als zwölf Monate zurückliegen.

Ausreise in EU-Länder:
Zollfrei sind Reiseandenken bis 300 €, für Reisende unter 15 Jahren nur bis 175 €, für Flug- und Seereisende (gilt nicht für den Bodensee !) 430 €. Von Abgaben befreit sind Personen (mindestens 17 Jahre alt) bei Einfuhrmengen bis 200 Zigaretten oder 100 Zigarillos oder 50 Zigarren oder 250 g Rauchtabak sowie 1 l Spirituosen über 22 Vol.-% Alkoholgehalt oder 2 l alkoholische Getränke bis 22 Vol.-% sowie 4 l nicht schäumende Weine und 16 l Bier.

Register

Fette Ziffern = Abbildungen

Impressum

1. Auflage 2011

Verlag: DuMont Reiseverlag, Postfach 3151, 73751 Ostfildern, Tel. 0711/4502-0, Fax 0711/4502-343, www.dumontreise.de
Geschäftsführer: Dr. Thomas Brinkmann, Dr. Stephanie Mair-Huydts
Programmleitung: Birgit Borowski
Redaktion: Dina Stahn
Text: Dina Stahn
Exklusiv-Fotografie: Roland Gerth (www.rolandgerth.ch)
Titelbild: Ingolf Pompe/ look-foto (Alphorn)
Zusätzliches Bildmaterial: Andreas Strauss / LOOK-foto (S. 16), Anne Faden (S. 94, 95 u.l.), Bally_Keystone Schweiz_lai (S. 18), Bernard van Dierendonck / LOOK-foto (S. 38, 92), dpa-GAETAN BALLY (S. 64), dpa-Keystone 1 (S. 65 o.), dpa-Keystone/ Martin Ruetschi (S. 65 u.), Corbis/ Paul Almasy (S. 24 u.), Georg Knoll /laif (S. 25 o. r.), gettyimages / Peter Ginter (S. 111 l.), gettyimages/ Norbert Rosing (S. 57), gettyimages/ Thomas J. Abercrombie (S. 86 r.), Gillieron /Keystone / Schweiz /laif (S. 99 u.), Gonzalez /laif (S. 100), HB-Verlag, Florian Werner (S. 48 l., 81 l., 82 l.,), Heidorn /laif (S. 32 o.l.), Huber/ Friedel (S. 60 m.), Ingolf Pompe /LOOK-foto (S. 8, 106 u. l., o.), Iris Kuerschner /laif (S. 99 m.), Iris Kuerschner / LOOK-foto (S. 69 u.) Jan Greune / LOOK-foto (S. 69 o.) Jonkmanns /laif (S. 107), Kirchner, laif (S. 36), Konrad Wothe / LOOK-foto (S. 31), laif (S. 110), laif / Lachenmaier (S. 67 l.), laif/ Modrow (S. 113), laif/ REA (S. 51), Florian Werner /LOOK-foto (S. 70), mauritius (S. 46), mauritius images / imagebroker / Daniel Schoenen (S. 22 u. l.), mauritius images / imagebroker / Markus Kelle (S. 20), mauritius images / Prisma (S. 40), mauritius images/west-studios (S. 83 m.), Max Galli / laif (S. 30), Modrow / laif (S. 106 u. r.), StockFood (S. 48, 49, 109 o.r.) TerraVista /LOOK-foto (S. 54), www.heidiland.com (S. 37 u.r., o.), www.juraloisirs.ch (S. 115 o., u., m.), www.meretbissegger.ch (S. 83 o., u.) www.pilatus.ch (S. 53 re. m.)
Grafische Konzeption, Art Direktion: fpm factor product münchen
Layout: CYCLUS · Visuelle Kommunikation, Stuttgart
Kartografie: © MAIRDUMONT GmbH & Co. KG, Ostfildern
DuMont Bildarchiv: Marco-Polo-Straße 1, 73760 Ostfildern, Tel. 0711/4502-266, Fax 0711/4502-1006, a.nebel@mairdumont.com

Anzeigenvermarktung: MAIRDUMONT MEDIA, Tel. 0711/4502333, Fax 0711/45021012, media@mairdumont.com, http://media.mairdumont.com
Vertrieb Zeitschriftenhandel: PARTNER Medienservices GmbH, Postfach 810420, 70521 Stuttgart, Tel. 0711/7252-212, Fax 0711/7252-320
Vertrieb Abonnement: Leserservice DuMont Bildatlas, Zenit Pressevertrieb GmbH, Postfach 810640, 70523 Stuttgart, Tel. 0180/5727252-265, Fax 0180/5727252-333, dumontreise@zenit-presse.de
Vertrieb Buchhandel und Einzelhefte: MAIRDUMONT GmbH & Co KG, Marco-Polo-Straße 1, 73760 Ostfildern, Tel. 0711/4502-0, Fax 0711/4502-340
Druck und buchbinderische Verarbeitung: NEEF + STUMME premium printing GmbH & Co. KG, Wittingen, Printed in Germany

Berlin leuchtet, nicht nur beim Festival of Lights, das die Stadt jeden Herbst zum Strahlen bringt.

BERLIN

Die Hauptstadt lockt ...
mit spektakulärer Architektur, preußischen Prunkbauten und viel Kunst auf der Museumsinsel.

Ganz Berlin eine Bühne
Drei Opernhäuser, berühmte Bühnen, dazu Kabarett und Cocktails – Berliner Nächte sind lang!

Szene-Viertel
Die besten Adressen in Prenzlauer Berg und Kreuzberg.

Berge oder Palmen, Pool oder See? Der Blick vom Monte Brè über die Badeinsel eines Luxushotels zeigt das Tessin von seinen besten Seiten.

TESSIN

Sonnenverwöhnt ...
Am Lago Maggiore und am Lago di Lugano schlägt das Herz des Tessins.

Kochkunst im Keller
In den Grotti speist man einfach „grottengut“..

Botta ist überall
Der Tessiner Stararchitekt baut ohne Unterlass, immer streng und geradlinig.

Lieferbare Ausgaben

DEUTSCHLAND
092 Altmühltal
105 Bayerischer Wald
120 Berlin
106 Bodensee, Oberschwaben
121 Brandenburg
056 Chiemgau, Berchtesgadener Land
013 Dresden, Sächsische Schweiz
095 Eifel, Aachen
096 Elbe und Weser, Bremen
125 Erzgebirge, Vogtland
059 Fränkische Schweiz
112 Freiburg, Basel, Colmar
060 Hamburg
061 Harz
062 Hunsrück, Naheland, Rheinhessen
066 Mainfranken
133 Mecklenburgische Seen
097 Mecklenburg-Vorpommern
067 Mosel
114 München
098 Münsterland
006 Oberbayern
074 Odenwald, Bergstraße
002 Ostfriesland, Oldenburger Land
075 Ostseeküste Schleswig-Holstein
078 Rhein zwischen Köln und Mainz
079 Rhön
116 Rügen, Usedom, Hiddensee
080 Sachsen
081 Sachsen-Anhalt
117 Sauerland, Siegerland
083 Schwarzwald Norden
084 Schwarzwald Süden
008 Stuttgart, Schwäbische Alb
141 Sylt, Amrum, Föhr
142 Teutoburger Wald
102 Thüringen
143 Thüringer Wald
103 Weserbergland

BENELUX
052 Amsterdam
011 Flandern, Brüssel
070 Niederlande

FRANKREICH
055 Bretagne
058 Elsass
009 Frankreich Süden Languedoc-Roussillon
071 Normandie
001 Paris
115 Provence

GROSSBRITANNIEN/IRLAND
063 Irland
130 London
138 Schottland
087 Südengland

ITALIEN/MALTA/KROATIEN
110 Golf von Neapel, Kampanien
128 Italien, Norden
005 Kroatische Adriaküste
113 Malta
073 Oberitalienische Seen
076 Piemont, Aostatal
082 Sardinien
003 Sizilien
089 Toskana
091 Venedig, Venetien

GRIECHENLAND/ZYPERN
148 Zypern

MITTEL- UND OSTEUROPA
104 Baltikum
122 Bulgarien
094 Danzig, Ostsee, Masuren
101 Polen Süden, Breslau, Krakau
077 Prag
085 St. Petersburg
145 Tschechien
146 Ungarn

ÖSTERREICH/SCHWEIZ
129 Kärnten
004 Salzburger Land, Salzkammergut, Salzburg
139 Schweiz
088 Tessin
144 Tirol
147 Wien

SPANIEN/PORTUGAL
051 Algarve, Lissabon
093 Andalusien
054 Barcelona
108 Costa Brava
065 Kanarische Inseln
132 Mallorca
007 Spanien Norden, Jakobsweg
118 Teneriffa, La Palma, La Gomera , El Hierro

SKANDINAVIEN
057 Dänemark
099 Norwegen Norden
072 Norwegen Süden
100 Schweden Süden, Stockholm

TÜRKEI
090 Türkisches Mittelmeer

LÄNDERÜBERGREIFENDE BÄNDE
123 Donau
112 Freiburg, Basel, Colmar

AUSSEREUROPÄISCHE ZIELE
010 Ägypten
053 Australien Osten, Sydney
109 Australien Süden, Westen
107 China
111 Kalifornien
064 Kanada Westen
068 Neuseeland
069 New York
086 Südafrika
012 Thailand